Tina Gaedt

Männer vom Wühltisch

Zweite Wahl mit kleinen Fehlern

Die Deutsche Nationalbibliothek verzeichnet diese Publikation in der Deutschen Nationalbibliografie; detaillierte bibliografische Daten sind im Internet über http://dnb.dnb.de abrufbar.

© *2014 Tina Gaedt*

Illustration: **Joachim Maier, Vereinigte Kunstwerke**

Herstellung und Verlag: BoD – Books on Demand, Norderstedt

ISBN: 978-3-7347-2959-1

1. Strip-Connection

In billigen weißen Cowboystiefeln tänzelten neunzig Kilo Muskeln auf Christine zu, stoppten genau vor ihrer Nase. Langsam schälte der Adonis mit dem wilden Silberblick seinen durchtrainierten Oberkörper aus dem blutroten Seidenblouson mit ausgeleierten Strickbündchen und schleuderte die Wühltisch-Errungenschaft in die Ecke. Christine war sich ziemlich sicher, dass der Schönling nur sie dabei anschaute – ihre Nachbarin allerdings auch. Für einen kurzen, prickelnden Moment konnte Christine sogar sein Deo riechen. Ihr Herz pochte bis zum Push up, ihr wurde ganz schwindelig. Sie konnte ihre Augen einfach nicht von diesem Eros-Bolzen abwenden.

Mit coolem Lächeln fuhr sich der Adonis durch seine schulterlangen blau-schwarzen Locken, warf sie lässig ins Genick – und wandte Christine mit einer schnellen Drehung den übermächtigen Rücken zu. Mit kreisenden Hüften wippte er auf die nächste Frau zu und warf ihr schmachtende Blicke entgegen. Doch Eva zeigte sich vom aufreizenden Muskelspiel des ölglänzenden Schönlings wenig beeindruckt. Sie lächelte nur gequält und rutschte unbehaglich auf ihrem Stuhl herum. Als die fleischgewordene Schmachtlocke sich schließlich in gespielter Ekstase die billige Jeans von den Lenden riss, abwechselnd mal die linke, dann die rechte Pobacke anspannte, stach ihr von seinem braungebrannten Gluteus maximus lediglich der weiße Fleck vom Solarium über dem Tiger-Tanga ins Auge.

Soviel Gleichgültigkeit begegnete der Beau mit einem geschmeidigen Rückzug zur Bühne, wo er sich noch ein wenig auf einem Raubtierfell räkelte, dann mit zahllosen gehauchten Küssen in die kreischende Damenrunde hinter dem langsam fallenden Vorhang verschwand.

"Applaus, Applaus für Ken, unseren umwerfenden sexy Beachboy aus Kalifornien. Und nun, Mädels, bevor ihr bei so viel männlicher Pracht vollkommen den Verstand verliert – erst mal 'ne kleine Pause zum Abkühlen", näselte der schmierige Conférencier, eine gelungene Florian Silbereisen-Imitation, ins Mikrofon, während sich vor dem Damenklo bereits eine lange Schlange bildete.

Mitten unter den Wartenden wippte auch Christine möglichst unauffällig von einem Bein aufs andere. "Das dauert ja ewig hier. Ich geh' jetzt aufs Männerklo", sagte sie mehr zu sich selbst als zu irgendjemand anderem in der Schlange.

Doch Eva, die Frau hinter ihr, reagierte sofort: "Gute Idee, ich komm' mit. Kerle sind da heute Abend sowieso nicht."

"Wer weiß, vielleicht läuft uns dort ja ein Dream-Boy über den Weg", kicherte Christine ihrer Nachbarin zu und verdrehte dabei genüsslich die Augen.

"Oh Gott, bloß nicht! So einem schmierigen Typen wie diesem Ken will ich nicht mal auf dem Klo begegnen.

"Wieso schmierig? Ich fand den total gut."

"Im Ernst? Der guckte doch wie 'ne geistige Amöbe. Dumpfbackig eben. Und dann noch diese gelackte Strähnchen-Frisette. Igitt! Außerdem kann ich Männer mit rasiertem Oberkörper nicht ausstehen. Aber selbst dazu ist dieser Ken offenbar zu blöd. Oder woher kommen sonst die vielen kleinen Schnittwunden auf seiner Brust?"

"Da hast du aber ziemlich genau hingeschaut. Egal, einen Nobelpreisträger mit Rauschebart wirst du in so einer Strip-Show natürlich nicht finden. Außerdem haben Genies bestimmt nicht so 'nen knackigen Hintern. Ich kenne jedenfalls keine."

Mit dieser handfesten Erklärung verschwand Christine schnellstens aufs stille Männer-Örtchen. Die Diskussion wurde durch die geschlossene Klotür weitergeführt.

"Zu einem richtig tollen Mann gehört für mich noch ein bisschen mehr als wohlgeformte Karosserie. Ich find's zum Beispiel nicht schlecht, wenn der Typ auch was im Kopf hat, entgegnete Eva entschieden mit ironischem Unterton und kramte in ihrer großen Umhängetasche nach dem orangefarbenen Lippenstift.

"Du musst den Kerl ja nicht gleich heiraten. Mir schwebt eher eine heiße Affäre vor, wo im Bett so richtig die Post abgeht. Alles andere stört da eher. Wer zu viel denkt, hat meistens nur wenig Phantasie. Da käme mir so'n optisches Appetithäppchen wie Ken gerade recht", schallte es mit dem Brustton der Überzeugung durch die Klotür.

Eva musste schlagartig an ihren leicht vergeistigten Ex-Freund Paul denken und fand, dass die schlichte Lebens-Philosophie ihrer unbekannten Gesprächspartnerin durchaus etwas hatte. Paul war im Bett nämlich eher eine Laschtablette gewesen. Statt Sex gab's bei ihm nur Nirwana-Gefasel und harte Ökobrötchen mit Soja-Frikadellen. Halleluja!

"Mag sein, vielleicht sehe ich das ja alles viel zu eng. Aber solche tänzelnden Muskel-Machos finde ich einfach zu lächerlich!"

"Und warum biste dann überhaupt hier?", fragte Christine leicht schnippisch und drückte energisch die Spülung.

"Beruflich, rein beruflich. Über diesen überaus reizenden Abend soll ich nämlich was für die Wochenendbeilage schreiben. Mein Chef hat wohl gemeint, er würde mir mit diesem Termin etwas Gutes tun. Dabei ist das Thema uralt und interessiert niemanden."

"Ach du bist bei der Zeitung? Ist ja toll, da kommst du doch bestimmt überall umsonst rein und lernst dauernd interessante Leute kennen. Prominente und so. Und natürlich interessante Männer. Oder?" Christine zog ihren Stretch-Mini etwas weiter nach unten und schüttelte ihre blonde Mähne unter einer Riesenwolke Haarspray, um sie wieder so richtig aufzutuffen.

"Schön wär's! So nah wie heute Abend kam mir schon lange kein Mann mehr. Zumindest nicht in so spärlicher Aufmachung wie Ken. Vorhin, als der so vor mir rumtanzte - ich wusste gar nicht mehr, wo ich vor Schreck hinsehen sollte. Richtig peinlich war mir das. Ich bin's wohl einfach nicht mehr gewöhnt", meinte Eva mit resignierter Stimme.

"Ach, mein Liebesleben sieht genauso trist aus, aber gestört hat mich das Muskelpaket trotzdem nicht. Im Gegenteil. Apropos, der zweite Show-Teil hat bestimmt schon angefangen. Komm', wir gehen wieder rein, du musst doch schließlich wissen, worüber du schreibst", sagte Christine grinsend und zog Eva, die endlich ihren Lippenstift gefunden hatte, schnell vom Spiegel weg.

"Übrigens, wie heißt du eigentlich? Ich bin Christine."

Die Show der "Dream-Boys" dauerte noch eine ganze Weile. Christine genoss den Aufmarsch der Tanga-Gladiatoren bis zum letzten Applaus, während Eva im Geiste schon einen Verriss der Muskel-Machos in ihr Laptop hackte.

Trotzdem sollte es für beide Frauen doch noch ein ausgesprochen amüsanter Abend werden. Nach vier Gläsern Prosecco schwärmte Christine zwar in immer rosigeren Farben von den glitschigen Strippern, und Eva fand sie immer schrecklicher. Doch in einem Punkt waren sich die beiden absolut einig: Männer sind zwar absolute Geschmackssache und manchmal ganz schön ätzend. Aber keinen zu haben, ist noch viel ätzender.

Der Beginn einer langen Freundschaft...

... zweier Frauen, die noch oft genug Gelegenheit haben würden, die Vor- und Nachteile des anderen Geschlechts durchzuhecheln.

Christine Körber mit dem schnodderigen Mundwerk und dem Faible für "richtige Kerle" ist 28 Jahre alt und war noch nie verheiratet, obwohl sie schon seit ihrer Grundschulzeit auf dem Dorf sehnlichst von einer großen Familie und einem kleinen Häuschen träumt. Mit Hans-Dieter, dem Systemtechniker, hätte sich der Traum beinahe erfüllt. Das Häuschen besaß er schon. Nur heiraten wollte er partout nicht. Seit sich Christine vor einem halben Jahr offiziell von ihm getrennt hat (genauer gesagt gab Hans-Dieter ihr den Laufpass), ist sie abends wieder viel unterwegs - immer auf der Suche nach einem neuen Prinzen, mit dem sie doch noch ihr Lebensglück aufbauen kann.

Geht man von den üblichen Männerwünschen aus, müssten ihre Chancen eigentlich auch ganz gut stehen: Christine ist nicht zu groß und nicht zu klein (167 cm), hat eine knackige Figur, die sie immer geschickt ins rechte Licht rückt. Durch weibliche Folter-Accessoires wie Bustiers, breite Gürtel, hautenge Kleider und Jeans. Ihrem leichten Hang zur Pummeligkeit sagt sie mit schöner Regelmäßigkeit den Kampf an. Doch bisher hat ihre Vorliebe für Vollmich-Nuss jedes Mal die Crash-Diät mit null Kohlehydraten besiegt.

Ihre etwas zu kurz geratenen Beine streckt Christine durch hochhackige Sling-Pumps mit Pfennigabsätzen. Denn sie weiß:

Männer stehen drauf. Genauso wie auf ihre blonde, lange Löwenmähne (ein wahres Kunstwerk des Friseurs bei ihren dünnen Schnittlauch-Locken!). Christine überlässt, zumindest was ihre Wirkung auf das männliche Geschlecht angeht, nichts dem Zufall. Für die freche Stupsnase und die blauen Kulleraugen im rundlichen Gesicht ist allerdings Mutter Natur verantwortlich. Bei der Arbeit in der Urologen-Praxis ist von diesem "heißen Feger" aber nur wenig zu sehen: Da trägt die gewissenhafte Arzthelferin einen strengen Pferdeschwanz und versteckt ihre blauen Augen hinter starken Brillengläsern, ohne die sie blind wie ein Maulwurf ist. Die Kontaktlinsen kommen erst zum Einsatz, wenn's drauf ankommt - wenn Christine auf Piste geht.

Eva Edelmann, Lokalredakteurin beim Tageblatt, hat keine Probleme mit den Augen. Sie kämpft mit ihren 33 Jahren immer noch gegen ihre Pickel. Einen Abdeckstift hat sie deshalb immer dabei. Genauso wie ihren Filofax aus rotem Leder und ihr Laptop. Und es fiele ihr schwer zu sagen, welches dieser drei Dinge für ihr Leben wichtiger ist. Wegen des stressigen Redaktionsjobs isst sie nur unregelmäßig - und ist eigentlich etwas zu dünn für die stattliche Länge von 1,80 Meter.

An ihrer Jeans-, T-Shirt-, Turnschuh-Optik hat Eva seit ihrer Studentenzeit nicht viel geändert - außer dem radikalen Kurzhaarschnitt ihrer dunklen Pferdehaare. Zu ihren spärlichen weiblichen Waffen zählen nur schwarze Wimperntusche und Lippenstift. Tagsüber perlmutt, abends Braunrot, das Eva etwas verrucht findet. Ihre einzige Leidenschaft sind auffällige Ohrringe und amerikanische Liebeskomödien mit Happy End. Evas Traummann hat denn auch ziemlich viel Ähnlichkeit mit Cary Grant und eine Liebesromanze wie in "Leoparden küsst man nicht" kommt ihrer Idealvorstellung von einer Mann-Frau-Beziehung ziemlich nahe. Überhaupt: in Sachen Liebe bröckelt bei Eva ganz schnell die Fassade der coolen, lässigen und kratzbürstigen Intellektuellen. Da ist sie plötzlich anschmiegsam, verständnisvoll, ja sogar dazu bereit, ihren Herzallerliebsten mit ihren minimalistischen Kochkünsten zu verwöhnen.

Christine und Eva - ein äußerlich sehr ungleiches Paar, das sich aber viel ähnlicher ist, als es zunächst wahrhaben wollte.

Zumindest eine Sache hatten sie gemeinsam: den Wunsch, endlich einen Traummann zu finden. Oder wenigstens einen netten, sympathischen Typen, der anders ist, als die ganzen Nullnummern, mit denen sie sich die ganze Zeit abgegeben hatten. Gibt es etwas Stärkeres, was Frauen verbinden kann? Hören wir doch einfach mal rein, was die beiden nach dem ersten Kennenlernen so voneinander dachten.

Christine über Eva: "Erst habe ich ja geglaubt, die hat mit Männern nix am Hut, weil sie so über die Muckis der Dream-Boys hergezogen hat. Oder dass sie so eine zickige Emanze ist, die am liebsten alle Männer auf den Mond schießen oder zumindest kastrieren würde. Aber dann habe ich ziemlich schnell gemerkt, dass sie Männern gegenüber bloß total schüchtern und eigentlich doch ganz nett ist. Sie sollte sich bloß nicht so gammelig anziehen. Wenn ich so groß und dünn wäre... Dass die keinen Lover hat, versteh' ich echt nicht!"

Eva über Christine: "Eigentlich erfüllt sie absolut mein Tussi-Feindbild. Dieses schreckliche Katzenberger-Barbie-Outfit. Wie kann man sich nur so anziehen? Andererseits ist sie so angenehm locker drauf, natürlich und erfrischend. Und erstaunlicherweise lange nicht so hohl, wie andere Frauen, die sich so anziehen. Ich wünschte, ich hätte so ein sonniges Gemüt. Und ihre Oberweite fände ich ehrlich gesagt auch nicht schlecht. Eigentlich komisch, dass sie noch solo ist!"

2. Rache ist süß

"Wow, hast Du 'ne schicke Wohnung. Die ist ja riesengroß für einen allein", sagte Christine beeindruckt, warf ihren Tiger-Plüschmantel auf Evas schwarzes Ledersofa und schaute sich neugierig um.

Eigentlich war die Einrichtung nicht ihr Geschmack. Kastige Ledersessel mit Chrombeinen, Parkettboden ohne Teppich, keine Vorhänge, nur Metall-Jalousien, drei Plexiglas-Tische und ein riesiger Flatscreen, der das ganze Wohnzimmer einnahm. An der Wand zwei meterhohe Bilder mit wildem Gekrakel drauf. Das sah für Christine alles ziemlich teuer und furchtbar ungemütlich aus. Und so viele Bücher auf einem Haufen hatte sie zum letzten Mal gesehen, als sie sich in der Stadt verlaufen hatte und in der Stadtbibliothek gelandet war. Alles nur Staubfänger. Für ein Wohnzimmer empfand Christine den Raum viel zu kahl, als sei er noch gar nicht richtig eingerichtet. Und überall diese stachligen Kakteen, überhaupt nix Blühendes. Viel besser gefiel ihr das Schlafzimmer auch nicht. Außer einem bis zur Decke reichenden Spiegelschrank stand da nur ein Bett mit einer so dünnen Auflage, wie sie wahrscheinlich nicht mal lebenslänglichen Knastbrüdern zugemutet wird. Allerdings war es zweimal zwei Meter groß. Da konnte man bestimmt ganz locker zu zweit drin schlafen.

Nicht so wie bei ihr in dem alten Eisenbett vom Flohmarkt. Da war Hans Dieter fast jede Nacht rausgepurzelt und hatte unfreiwillig in den Flokati gebissen. Aber dafür passte es hervorragend zu ihrem Weichholzschrank und den romantischen Blümchen-Gardinen. Auch das Wohnzimmer war viel kuscheliger eingerichtet. Schließlich wuselte Christine für ihr Leben gern in ihren eigenen vier Wänden herum, dekorierte, hämmerte, pinselte, schraubte und stellte die Wohnung durchschnittlich einmal im Monat komplett um. Sie liebte es, durch Einrichtungshäuser zu tigern und kam nie ohne einen Kerzenständer, eine Vase oder ähnliches nachhause. Dementsprechend eng war es in ihren 43 Quadratmetern Neubau. Auch wenn sie allein war, fühlte sie sich in ihrer vollgestopften Bude pudelwohl. Niemals hätte sie mit Evas kargem hundert-Quadratmeter-Altbau tauschen wollen.

"Eigentlich ist die Wohnung für mich schon fast zu groß", unterbrach Eva Christines Gedankenfluss. "Naja, die war ja auch ursprünglich für zwei gedacht. Aber nun setz' Dich erst mal. Wie wär's mit einem Gläschen Campari oder einem Hugo?"

"Campari ist gut. Wenn du hast, mit einem Schuss Orangensaft. Aber wieso war die Wohnung eigentlich für zwei?"

Eva kam mit den zwei eisgekühlten Drinks aus der Küche und erzählte Christine von ihrem Verflossenen Tom Krankenberg: "Vor einem Jahr bin ich hier mit ihm eingezogen. War ja wohl ein Schuss in den Ofen. Tom ist Fotograf, sieht tierisch gut aus. Er hat so ein bisschen was von George Clooney. Irre sexy! Nur leider fanden das auch die Models, die er ständig für irgendwelche Hochglanzmagazine geknipst hat."

"Also ich finde es toll, einen Mann zu haben, auf den alle anderen Frauen fliegen", unterbrach Christine.

"Grundsätzlich schon. Aber wenn der Typ auch auf die Frauen abfährt. Er hat alles flach gebügelt, was ihm unterkam und jeder hat es gewusst. Nur ich hab's natürlich erst mitgekriegt, als wir gerade mal hier eingezogen waren. Da bin ich total ausgerastet und habe seine geliebte alte Leica und die teure Digitalkamera einfach zu den Goldfischen ins Aquarium geschmissen, seine Harley mir grüner Leuchtfarbe angesprüht und alle seine Nebenfrauen gleichzeitig zu einem Privat-Casting in unsere Wohnung bestellt. Selbstverständlich im Auftrag von Herrn Krankenberg. Da war was los! Und als die hysterischen Weiber endlich weg waren, hat Tom mir auch noch Vorwürfe gemacht: Das hätte er von mir nicht erwartet. Und ich könnte doch wohl nicht annehmen, dass er mit einer solch hinterhältigen Furie auch nur einen Tag länger zusammenleben könne. Da hab' ich ihn endgültig vor die Tür gesetzt!"

"Ist ja geil, das hätte ich Dir gar nicht zugetraut. Dem hast du es ja gut gegeben. Sowas ähnliches habe ich auch schon mal gemacht", sagte Christine mit blitzenden Augen. "Ist allerdings schon mehr als drei Jahre her. Da war ich mit Paul, dem sündhaft schön Friseur zusammen. Sein Laden galt unter Mädels als absolut heiße Topadresse. Aber wohl weniger wegen der Haarschnitte. Paul hat von morgens bis abends nicht anderes gemacht, als alle

Kundinnen anzubaggern, die ihm unter die Haube oder die Schere kamen. Zwischen Waschen, Strähnchen und Föhnen. Da war er der wahre Meister! Wusste ich zuerst natürlich alles nicht. Doch als ich es merkte, hab' ich mir lang und breit überlegt, womit ich ihn am meisten treffen kann, wie ich ihm am besten eins verpasse. Und dann fiel mir das mit dem Schild ein: "Wegen Läusen geschlossen". Von Samstagabend bis Dienstagmorgen hing dies in großen, roten Buchstaben an der Salontür. Das hat den flotten Paul ganz schön Kundschaft gekostet."

"Und, hat er Dich verdächtigt?", schmunzelte Eva und entkorkte jetzt fachmännisch den Chianti Classico.

"Verdächtigt schon. Aber diese Ratte hatte ja überhaupt nichts gegen mich in der Hand."

"Es ist schon komisch, mit was für Typen man sich so einlässt. Aber die verstellen sich am Anfang eben auch verdammt gut, und was es wirklich für Idioten sind, merkt man immer erst zu spät. So ist es mir mit Sven auch passiert. Heute würde ich auf so 'nen Typen ja nicht mehr reinfallen, aber damals an der Uni hat mir sein Porsche schon irgendwie imponiert. Er war Immobilienmakler. Seine Kundschaft bestand nur aus Schönen und Reichen. Der hat mich richtig verwöhnt. So teure Klamotten wie zu seiner Zeit hatte ich nie wieder im Schrank. Aber ich sollte ja auch repräsentieren."

"Mensch, Eva, warum hast du diesen Traummann nicht geheiratet? Ich hätte den nicht mehr laufen lassen, soviel steht fest."

"Traummann, ok! Aber wenn man diesem Traummann von morgens bis nachts ständig sagen muss, wie traumhaft er ist, dann ist das verdammt nervig. Und so war's bei Sven. Er war ein richtig eitler Fatzke mit Sauberkeitswahn. In seinem Bad sah es aus wie in einem Kosmetikstudio und gestunken hat er wie ein ganzer Puff: Deo, After Shave, Eau der Parfüm, Fußpuder, Bodylotion und, und, und..."

"Ich liebe gutriechende Männer, die sich pflegen", kommentierte Christine begeistert.

"Auch noch, wenn er jeden zweiten Abend mit einer Gesichtsmaske, Haarpackung und Augencreme neben Dir im Bett liegt? Von seiner panischen Angst vor Bakterien ganz zu schweigen. Vorher duschen, danach duschen, eigentlich immer duschen. Ich bin nur noch aufgeweicht mit schrumpeligen Fingerkuppen rum gelaufen. Dass er seine Calvin Klein-Badelatschen überhaupt im Bett ausgezogen hat, war schon ein Wunder. Hätte ja Fußpilz unter meiner Decke lauern können. Umgezogen hat er sich natürlich mindestens dreimal am Tag. Von der Socke bis zur Krawatte. Und ich sollte alles bügeln. Aus lauter Dankbarkeit, dass ich mit so einem Mann zusammen leben durfte. Na danke! Und was überhaupt das Härteste war: Dann fing er auch noch damit an, ständig an meinem Äußeren rumzumeckern. Du könntest Dir ruhig mal wieder die Beine rasieren, deine unreine Haut wird auch immer schlimmer, iiih, ist das vielleicht ein Hühnerauge?', willst du nicht mal was gegen Deine Cellulite tun? Du solltest mit dem Rauchen aufhören, deine Zähne werden sonst gelb. Widerlich! Da hat's mir endgültig gereicht!"

"Das glaube ich! Und wie bist du die Ätzqualle wieder losgeworden?"

"Ganz einfach, ich habe meine Klamotten gepackt und bin zu einer Freundin gezogen. Aber vorher habe ich Sven in seine heißgeliebte Dusche noch einen ganzen Eimer glitschige Nacktschnecken gekippt."

"Ah, eine hervorragende Idee, super!"

"Ja, aber warte, Tini, es kommt noch besser: Die Glühbirne habe ich natürlich auch rausgeschraubt. Als Sven dann im Dunkeln mit seinen Badelatschen zur Dusche geschlappt ist, hat es ihn auf dem Glibber voll umgehauen. Und weil es ausgleichende Gerechtigkeit doch noch gibt, hat er sich dabei am Beckenrand seinen römisch-griechischen Zinken gebrochen. Er musste dem Schönheitschirurgen 'ne Menge Geld zahlen, bis er den Knick im Riechkolben wieder los war."

"Toll! Richtig toll, wie du das gemacht hast. Aber das erinnert mich an meine Liaison mit Gernot, dem Krankenkassen-Angestellten und Hypochonder. Er fühlte sich immer krank. Wahrscheinlich hat er mich nur deswegen als Freundin genommen, weil ich Arzthelferin bin. Wenn ich mit ihm schlafen wollte, hatte er starke Migräne. Aus der Praxis durfte ich ihm gar nichts erzählen. Da bekam er sofort Unterleibsschmerzen, Fieber und

Krämpfe. Und wenn Gernot die Pollenflug-Warnung im Radio hörte, sah er an seinem Körper überall rote Pusteln wachsen und fing zu Niesen an. Schweißausbrüche und Herzrasen traten immer dann auf, wenn er mit seiner kreislaufschwachen Tante telefonierte. Auf Gesundheitsmagazine im Fernsehen war er total scharf. Die lieferten ihm immer neue Ideen für Krankheiten, die er noch nicht hatte. Den Rest hat er sich im Internet zusammen gesucht. Er hat mich dann verlassen, weil er eine ausgebildete Krankenschwester kennenlernte. Von ihr erwartete er sich eine professionellere Betreuung, als von einer kleinen Arzthelferin. Und die bekam er anscheinend auch. Jedenfalls erschien er ein paar Monate später bei Dr. Weber in der Praxis. Mit einem satten Herpes genitalis.

Eva und Christine unterhielten sich noch eine ganze Weile über die hemmungslose Triebhaftigkeit und unendliche Dummheit der Männer. Die beiden fanden es fast schon wieder niedlich, wie hilflos die Herren der Schöpfung eigentlich weiblichen Rachemanövern gegenüberstehen, falls sie sie überhaupt in ihrer ganzen tragischen Ausgestaltung mitbekommen.

Aufgekratzt und leicht hysterisch steigerten sich die "Rachegöttinnen" in immer raffiniertere Folterqualen für das andere Geschlecht. Kastration war noch das Harmloseste. Ihre Verflossenen würden heute noch einen tristen Aufenthalt im Bergkloster dem leidenschaftlichen Tete-à-tete mit einer dieser wilden Amazonen vorziehen, wüssten sie um Evas und Christines blühende Horror-Phantasien, von denen ein Stephen King oder von Schirach wenn überhaupt nur zu träumen vermögen.

Es war schon weit nach Mitternacht, als sie schließlich bei ihren verflossenen Teenagerlieben angekommen waren, die in der Erinnerung auch alles andere als positiv wegkamen: Ob der proletige und kleinwüchsige Mofarocker Elmar, der dickwadige Torwart Max oder der maulwurfblinde Poet Heinz - keine Verjährung für Machos, Prolos und Softies. Und überhaupt: kein Pardon für Chauvi-Schweine!

Mit dieser Parole und der dritten Flasche Rotwein pinnte Eva kurzentschlossen ein großes Porträtfoto von Weiberheld Tom an die Wohnzimmertür und kramte nach den Dartpfeilen in der

Schreibtischschublade. Unter lautem Gejohle versuchten Eva und Christine, direkt ins treulose Herz des Fotografen zu treffen. Und während der Papiertiger langsam Pfeil für Pfeil sein Leben aushauchte, dröhnten die Ärzte im Hintergrund lautstark "Männer sind Schweine"!

3. Der Musenkuss

Seit einer geschlagenen halben Stunde stand Christine nun schon vor der Galerie und wartete auf ihre neue Freundin Eva. Punkt 20 Uhr vorm Eingang hatten die beiden verabredet. Und da stand sie nun im Nieselregen, kam sich ziemlich blöd vor. Lauter schwarzgekleidete Gestalten mit bedeutungsschwerer Miene, Rollkragenpulli und nerdiger Hornbrille drängten sich an ihr vorbei. Und sie: hautenges, türkisfarbenes Kleid, Nahtstrümpfe, hohe Hacken, die blonden Locken hoch gesteckt und zur Feier des Tages ihre azurblauen Kontaktlinsen.

Der Regen wurde stärker und Christine beschloss, nicht länger draußen auf Eva zu warten und schon mal in die Galerie zu gehen, bevor sich ihre kunstvoll drapierte Frisur vollkommen in Wohlgefallen auflöste. Während sie quer durch den Raum zur Bar stöckelte, wurde ihr klar: "Ich fall' auf wie ein Trapper. Jetzt wäre 'ne Tarnkappe genau das Richtige". Dabei hatte sie sich solche Mühe gegeben, stundenlang ihren Kleiderschrank durchwühlt und schließlich den Entschluss gefasst, ein gutes Werk zu tun und gleich morgen zum Altkleider-Container zu gehen, weil ihr Schrank außer Schrott mal wieder nichts zu bieten hatte.

Für diesen Abend musste einfach noch mal das Chiffonkleid herhalten. Obwohl es von Anfang an eine Nummer zu klein war und um die Hüften zwickte. Doch jetzt, wo sie da so aufgemotzt in der Galerie auf und ab ging, rückten selbst diese weltbewegenden Gewichtsprobleme in den Hintergrund.

"Wenn Eva wenigstens schon da wäre. Typisch Frau, unzuverlässig und unpünktlich", murmelte Christine ziemlich angesäuert vor sich hin, während sie das Gefühl nicht los wurde, von der anthrazitgrauen Masse der Kunstbeflissenen hochmäsig und abschätzig taxiert zu werden. Jetzt half nur noch Alkohol pur und in Mengen. Am liebsten hätte Christine dem Keeper gleich zwei Gläser vom Tablett gegrapscht. Doch da kam plötzlich diese sonore Stimme von hinten: "Lassen Sie uns auf die Kunst anstoßen, meine Schöne". Bevor Christine feststellen konnte, wer da mit feuchter Hand ihren Ellbogen ergriffen hatte, wurde sie auch schon mit sanftem Druck von der Bar weggdirigiert.

"Sie gehen ja ganz schön ran für Ihr Alter", sagte sie leicht verdutzt zu dem Herrn mit den grauen Schläfen und dem bordeauxroten Krawattenschal. "Ich bitte Sie. Was ist Alter, was sind Jahre. Was ist Zeit, was ist Raum. Grenzen überschreiten im Auge der universellen Kraft der Kunst und ihrer Magie, die letztendlich in orgiastische Liebesträume mündet", lispelte der Greis emphatisch. Dabei rollte er mit seinen blutunterlaufenen Augen, hüpfte aufgeregt von einem Bein aufs andere und wedelte hektisch mit seinem Schal.

"Verrückt, der ist total verrückt. Wenn Eva jetzt nicht gleich kommt..."

Eva kam nicht. Dafür kam Bruno, der blonde Galerist mit goldenem Siegelring am kleinen Finger: "Hallöchen, Hallöchen. Laszlo, alter Schwerenöter. Du bist mir ja ein ganz schlimmer Finger. Einfach die schönste Frau des Abends zu entführen... Nun aber die Patschhändchen weg, jetzt zeig' ich der Dame die Schätze der Ausstellung", schwulte Bruno, der von geschlechtlichen Grenzgängern hie und da auch Brunhilde genannt wurde.

Christine hatte in diesem Moment eigentlich schon genug von der Kunst. Wie so oft wusste sie aber auch diesmal nicht, wie man sich am besten aus solch einer bizarren Situation retten konnte. Also ergab sie sich ihrem Schicksal und lächelte, scheinbar interessiert, mal in Brunos Richtung, dann zu Laszlo, dem abgehalfterten Burgschauspieler mit GZSZ-Qualitäten. Dabei hätte sie beiden am liebsten den Hals rumgedreht.

"Sorry, dass ich zu spät komme. Aber in der Redaktion war wahnsinnig viel zu tun", platzte Eva atemlos in die illustre Gesellschaft. "Ich glaub', ich schau mich hier erst mal kurz um und dann können wir ja was trinken. Okay?", rief sie der immer noch sprachlosen Christine zu. "Bruno, erzähl' mir doch mal schnell was über diesen Video-Künstler. Ich brauch unbedingt sofort ein paar Infos für Online."

Laszlo folgte den beiden wild gestikulierend: "Wartet, ich muss euch die tiefe Botschaft dieser flirrenden Bilder erklären".

Es dauerte nur einen kleinen Moment, bis Christines Verdutztheit über Evas Sekundenauftritt blanker Wut wich: "Die spinnen wohl. Erst diese zwei schrägen und nervigen Vögel, dann hektikt Eva einfach an mir vorbei, und jetzt lassen die mich auch noch stehen wie einen Idioten."

Christine wollte eigentlich nur noch nach Hause, beschloss dann aber doch, zur Beruhigung noch ein Gläschen Schampus zu trinken (Das tut sie immer, wenn sie sich aufregt). Als sie grummelnd auf die Bar zusteuerte, stieß sie filmreif mit einem jungen Mann zusammen, der gerade einen Schritt zurück gemacht hatte, um eine der großflächigen Installationen besser betrachten zu können. Die zierliche Arzthelferin konnte nur durch starkes Rudern mit den Armen verhindern, unsanft auf dem spiegelglatten Parkett zu landen. Sie wollte gerade ein "Können Sie nicht gefälligst aufpassen" zischen, als sie in die vor Schreck weit aufgerissenen Augen des Mannes blickte, der sie beinahe zu Fall gebracht hätte. Jetzt brachte sie nur noch ein gehauchtes "Oh" über ihre Lippen. Denn der Typ gefiel ihr auf Anhieb: Mitte dreißig, baumlang, braunes, gewelltes Haar, jungenhaftes Lächeln - und Dreitagebart. Christine liebte diese maskulinen Stoppeln. Obwohl sie nach einer Affäre mit solchen Männern immer aussah, als hätte sie einen Rasenmäher geknutscht.

"Es tut mir wirklich leid. Darf ich Sie als Wiedergutmachung für mein tölpelhaftes Verhalten zu einem Glas Champagner entführen?"

"Hmmh", nickte Christine und schwebte diesem gutaussehenden Mann nur allzu gerne hinterher.

"Wenn ich mich vorstellen darf: mein Name ist Laurenz Liebermann, Produktmanager."

"Oh, ich heiße Körber, Christine Körber", flötete die Arzthelferin eine Oktave höher und wähnte sich in Gedanken schon als Dinner-Party gebende Frau Liebermann. Mit rotem Cabrio, weißer Jugendstilvilla und sündhaft teuren Designer-Klamotten. Doch während sich Christine ganz ihrem Traum vom Eigenheim mit englischem Rasen, von Familie und einem dicken Bankkonto mit Unterschriftsberechtigung hingab, ergoss sich der Produktmanager über die Kunst im Allgemeinen und diese Ausstellung im Besonderen. Dabei versuchte er, möglichst viele Wörter aus dem Kunstlexikon zu zitieren um Christine zu imponieren: "Diese Baselitz'sche Expressivität... fast wie bei Warhol. Neoklassizistisch und doch irgendwie an Beuys erinnernd. Wissen Sie eigentlich," - und dabei kam er ganz nah - "dass Ihre Augen das monochromatische Blau von Yves Klein haben?" Schleim, schleim!

"Klein? Nein. Das sind Kontaktlinsen von Fahlmann. Die von Klein kenn' ich gar nicht. Sind die besser?"

Leicht konsterniert und in seiner Anbagger-Taktik ziemlich vom Kurs abgebracht, wechselte Laurenz Liebermann jetzt das Thema:

"Mögen Sie eigentlich Schokokekse?"

"Wieso, bin ich zu dick?"

"Im Gegenteil. Es ist nur, weil ich in exponierter Stellung, äh ich meine bei Biehlsen, in der Geschäftsleitung sitze."

"Oh, dafür sind Sie aber sehr schlank, ich habe zum Glück nichts mit Süßigkeiten zu tun. Aber mit Nieren, hihi. Ich arbeite in einer sehr renommierten Urologen-Praxis. Waren Sie schon mal bei einem Urologen?"

Der Produktmanager schluckte und genehmigte sich unangenehm berührt von dieser Frage gleich den nächsten Schampus. Auf ex.

"Wenn Sie mal was haben, Sie wissen schon, was ich meine, müssen Sie unbedingt zu meinem Chef gehen. Der ist spezialisiert auf Prostatavergrößerungen und Hodenkrampfadern. Sie glauben gar nicht, was man da für Sachen sieht. Aber keine Angst, mein Chef ist spitze. Ein Schnitt und das Problem ist erledigt", sprudelte es nur so aus Christine heraus. Sie wollte überhaupt nicht mehr aufhören, lauthals ihr Fachwissen, die unteren Regionen betreffend, an den Mann zu bringen.

Laurenz Liebermann war das Gespräch mittlerweile ziemlich peinlich. Ängstlich schaute er sich um: "Hoffentlich hört das bloß keiner. Zum Schluss glauben die Leute noch, die redet über meine kränkelnden Extremitäten", dachte er und überlegte krampfhaft, wie er sich möglichst unauffällig verkrümeln könnte. Während Christine davon natürlich nichts merkte, munter weiterplapperte und so richtig aufblühte.

Da nahte zum Glück die Erlösung: Boris, Laszlo und Eva steuerten direkt auf die beiden zu. Doch als Christine voller Stolz dem gutgelaunten Trio ihre neue Nobel-Bekanntschaft vorstellen wollte, hatte sich der flotte Keksspezialist aus der Chefetage plötzlich verkrümelt und war wie vom Erdboden verschwunden. Laurenz Liebermann hatte die Gunst des Augenblicks genutzt und seinen Unterleib in Sicherheit gebracht.

4. Königinnen der Nacht

Christine hatte erst mal die Nase voll vom intellektuellen Freizeitvergnügen und überredete Eva zu einer heißen Disco-Nacht. Das war gar nicht so einfach. Denn Eva hatte jede Menge Vorbehalte: gegen durchgeschwitzte T-Shirts, grelle Lichtblitze, zuckende Techno-Körper. Sie fühlte sich einfach zu alt für die Katakomben eines David Guetta. Außerdem glaubte sie im Gegensatz zu Christine nicht, dass man gerade in der Disco seinem Traumprinzen begegnen würde. Prinzessinnen hatten beide allerdings nicht einkalkuliert. Ein großer Fehler wie sich noch herausstellen wird!

"Ich finde, wir zwei sehen heute Abend absolut bombig aus", strahlte Christine, als sie sich vor der Diskothek 'IN' langsam aus dem Taxi schälte.

Eva war mit ihrer Optik weniger zufrieden. Erst heute Morgen um kurz vor sieben Uhr hatte sie beim Schminken auf der Stirn einen fiesen Pickel entdeckt. Mit diesen Dingern war das sowieso so eine Sache bei Eva: Hatte sie keine, traute sie dem Frieden nicht; tauchte in ihrem Gesicht auch nur die kleinste Unebenheit auf, steigerte sie sich in ein Szenario hinein, dass sich die kleinen Pusteln tatsächlich fast zusehends vermehrten. Und heute war mal wieder so ein Tag.

Mit einem lässigen "Hi" wollten die beiden gerade an dem mächtigen Türsteher vorbeiziehen, als dieser ihnen seinen kräftigen Arm vor die Brust streckte: "Moment, Mädels. Geschlossene Gesellschaft!"

"Genau dazu gehören wir, Alter. Und nun mach' Platz, du Wichtigtuer!", giftete Eva und wunderte sich innerlich darüber, dass sie so einen Spruch überhaupt herausgebracht hatte. Aber arrogante Dumpfbacken konnte sie nun mal auf den Tod nicht ausstehen. Der Herr über Rein und Raus war denn auch so verblüfft, dass er den beiden vor Schreck sogar die schwere Tür aufhielt.

"Das war echt super", lobte Christine ihre Freundin, als die beiden die Treppe hinunterstiegen. Und das war auch das Letzte, was für die nächste Zeit von ihr zu hören war, denn ohrenbetäubender Techno-Sound schlug wie eine Welle über ihnen zusammen. Eva lauschte wie versteinert auf den hämmernden Bass in ihrer Magengrube, Christine zuckte schon einmal vorsichtig mit dem rechten Knie und schaute interessiert in die Runde. Was sie sah, konnte sie nur wenig begeistern. Außer ein paar aufgemotzten Teenies auf der Tanzfläche gab's nichts. Vor allem war kein einziger Mann in Sicht, der ihr auf Anhieb gefallen hätte.

Davon wollte sich Christine aber auf keinen Fall die Laune vermiesen lassen. Per Handzeichen signalisierte sie Eva, dass jetzt abgehottet wird. Doch ihre Freundin hatte einfach keine Lust mehr. Auf Techno, House- und Dancefloor-Musik fuhr sie nun mal überhaupt nicht ab. Stattdessen steckte sie sich lieber ihre Elektro-Zigarette in den Schnabel, suchte sich einen freien Platz und bestellte sich einen Whisky Sour.

Der Drink stand kaum vor ihr, da bekam Eva Gesellschaft: "Hallo, du. Auch keine Lust zum Tanzen?", hauchte ihr eine sanfte Männerstimme von hinten ins Ohr. Der dazugehörige Mann pflanzte sich gleich neben sie. Selbstbewusst und mit einem strahlenden Zahnpasta-Lächeln.

Und das brauchte er auch, um überhaupt auf sich aufmerksam machen zu können. Denn bei nur geschätzten 1,65 Metern gehörte er zu der nur allzu leicht übersehbaren Microchip-Spezies, die ganz andere Werte in die Waagschale werfen muss als lumpige Zentimeter. Manchmal klappt das sogar, was sich im Laufe der Nacht noch herausstellen sollte...

Eva nahm trotzdem keine Notiz von dem Bonsai-Fredi der Kompaktklasse. Sie beobachtete lieber Christine amüsiert, wie diese, etwas ungeschickt in den Bewegungen, den Dancefloor rockte.

Derweil das knuffige Kerlchen mit den weißen Zähnen hektisch in seinem karierten Jackett kramte und einen dicken Montblanc-Füller hervorholte. Dann gab er dem Keeper Handzeichen und ließ sich die Getränkekarte geben. Mit schnellen Strichen kritzelte er schnell irgendwas aufs Papier und hielt es Eva direkt vor die Nase.

Sie musste laut losprusten vor Lachen. Auf der "IN"Getränkekarte prangte ihr Konterfei und das der schnellen

Feder ebenfalls. Der Cartoon zeigte Eva als scheues Burgfräulein im Turm. Zu ihren Füßen zupfte ein kleiner Minnesänger auf der Mandoline inbrünstig sein Liebeslied.

"Du hast mir ein bisschen zu viel Busen gemalt", schäkerte Eva und riskierte jetzt schon einen genaueren Bück auf den Mann, der so originell anbaggern konnte und genauso witzig aussah: kurze, platinblonde Haare, die in alle Himmelsrichtungen abstanden wie bei einem frischgeschlüpften Küken; auf der Nase eine runde Nickelbrille mit gelben Gläsern. Unter der Karo-Jacke trug er ein zitronengelbes Hemd. Auch die Hose war irgendwie schräg: Knallrot und jedenfalls viel zu kurz. Und als kleiner Stilbruch des schrillen Outfits stand der Shortie in rahmengenähten Budapestern fest auf dem Boden.

"Was tun? Am besten gleich eine kleine Brustkorrektur", grinste das bunte Powerpack und zückte seinen Stift erneut, um den Fehler an der Oberweite wieder gut zu machen. "Wo wir jetzt schon so intim sind: ich heiß' Herby."

"Hi Herby, ich bin Eva."

Kaum hatte sie das gesagt, hielt das mittlerweile schmalbrüstige Burgfräulein einen knallroten Apfel in der Hand und den Minnesänger zierte nun ein giftgrünes Feigenblatt. Eva amüsierte auch dies köstlich, aber Herbys Unterhaltungs-Repertoire war damit noch lange nicht erschöpft.

Was immer Eva auch sagte, Herby brachte es zu Papier. Am Ende war die mittelalterliche Schönheit mit Laptop, iPad und iPhone 6 reich ausgestattet. Und der kleine Troubadour kniete inmitten von Farbpaletten und dicken Pinseln. Aus seinen Augen blinkten große Herzchen. Der Comic-Zeichner hatte Evas Herz nicht nur auf dem Papier im Sturm erobert. Ziemlich verwunderlich, denn eigentlich hatte sie noch nie für kleine Männer geschwärmt. Und auf solche Klamotten stand sie eigentlich auch nicht. Aber diese männliche Small-Ausgabe übertraf in puncto Witz, Humor und Charme jedes X-Large-Modell, das Eva kannte. Außerdem hatte Herby noch dieses unbestimmte Etwas, das Eva kribbelig und nervös machte. Sie kannte dieses Gefühl: Eva war drauf und dran sich zu verlieben. Und Herby? Der hatte seinen Füller längst beiseite gelegt und fühlte sich wie der kleinste Riese der Welt.

"Oah, ich bin fix und fertig. Was hängst du eigentlich so faul hier rum, Eva?", stürzte sich Christine vollkommen erledigt in die Clubpolster und grabschte hastig nach dem Glas ihrer Freundin. "Die Musik ist echt gut. Ich verstehe gar nicht, warum du nicht tanzt", sagte Christine atemlos und merkte überhaupt nicht, in welche traute Zweisamkeit sie da geplatzt war. "Ich verschwinde mal eben. Bestell' mir doch bitte 'ne große Cola Light mit viel Eis."

"Du Eva, bevor dieser Wirbelwind zurückkommt, muss ich dir noch schnell was sagen..."

Eva schwante Schreckliches. Sämtliche Alarmglocken schrillten: Er ist bestimmt verheiratet. Oder Schwul. Wahrscheinlich beides!

"... ich muss jetzt leider gehen."

Eva fiel die Kinnlade runter. Wieder ein Griff ins Klo. Herby schien schon vor der ersten gemeinsamen Nacht stiften zu gehen.

"Weil ich morgen früh nach Tokio fliege."

Sogar seine Ausreden sind origineller als bei anderen.

Aber Herbys Japan-Trip war keine Ausrede. Er hatte einen großen Auftrag für einen Zeichentrickfilm an Land gezogen und musste seine ersten Entwürfe vorlegen.

"Ich weiß noch nicht, wie lange ich bleiben muss und was mich dort erwartet.

Aber ich rufe Dich auf jeden Fall an. Ganz bestimmt! Schreib' mir Deine Nummer einfach hier drauf."

Eva notierte 0172-147 82 56 auf seinen Unterarm.

Und als Herby schließlich außer Sichtweite war, steckte sie schnell das kleine Burgfräulein samt Minnesänger in ihre Tasche.

"Wo ist denn der komische Vogel abgeblieben?" Mit diesen Worten holte Christine ihre Freundin von Wolke sieben herunter. Noch bevor Eva losschwärmen konnte, hatte Christine schon den Kopf weggedreht und starrte wie versteinert Richtung Eingang.

"Eva, guck' mal! Ob das Models sind?"

Diese Frage schienen sich auch die anderen Disco-Besucher zu stellen. Alle Augenpaare stierten wie gebannt auf die beiden Schönheiten, die gerade hereingekommen waren. Die Frauen witterten sofort die Gefahr, heuchelten aber Desinteresse. Gleichzeitig kontrollierten sie aus den Augenwinkeln heraus, wie intensiv die Flirtbereitschaft bei ihrem männlichen Gegenstück in diesem Moment ausgeprägt war. Ohne dass die Männer auch nur die geringste Ahnung davon hatten, war genau in diesem Moment ein weiblicher Geheimbund der Solidarität entstanden.

Eine schwarze Gazelle mit endlosen Beinen und glutvollen Katzenaugen stolzierte selbstbewusst durch den Raum zur Bar. Sie wurde vom Besitzer überschwänglich mit Bussi, Bussi begrüßt. Ebenso ihre Begleiterin. Die Blondine mit Riesen Oberweite war die fleischgewordene Versuchung schlechthin.

Diese beiden Überfrauen verkörperten natürlich das Feindbild aller anderen (Nur-) Frauen schlechthin.

"Echt ungerecht. Ich bin blind wie ein Maulwurf und hab' Speckrollen statt Traumtaille, und die da sind einfach perfekt. Blöde Planschkühe, blöde! Wo die auftauchen, kann unsereins doch gleich verschwinden. Oder glaubst du, dass mich jetzt noch irgendein Mann hier anschaut?", fluchte Christine wütend.

"Ach komm, an Dich trauen sich die Typen wenigstens ran. Vor den beiden haben die doch nur Schiss und gucken aus der Entfernung."

"Trotzdem, ich würde auch gerne so toll aussehen."

"Wer weiß, ob überhaupt alles echt an denen ist", beruhigte Eva ihre von Selbstzweifeln geplagte Freundin. "Hört man doch oft, dass die sich alles mögliche mit Silikon und Hyaluron unterfüttern lassen. Und irgendwann platzen sie dann im Flugzeug oder laufen in der Sauna aus."

"Hihi. Stimmt! Du hast vollkommen Recht. Der Busen von diesem Katzenberger-Verschnitt sieht wirklich ziemlich nach Plastik aus. Und diese magersüchtige Schwarze ernährt sich wahrscheinlich nur von drei Salatblättern am Tag, und wenn 'se mal mit 'nem Typen ins Bett geht, rappelt's. Außerdem mögen Männer manchmal ganz gerne was Griffiges. Und zwar echt! Hast du übrigens gesehen, dass die Schwarze riesige Füße hat. Und die

Blondine hätte ohne ihre falschen Wimpern richtige kleine Schweinsaugen."

Christine, der vom Tanzen noch die Schweißperlen auf der Stirn standen und die Haare zerzaust ins Gesicht fielen, lief langsam zur Höchstform auf und war gar nicht mehr zu bremsen.

"Richtig doofe Bitches. Würde mich echt wundern, wenn die überhaupt was in der Birne hätten. Wie die schon die ganze Zeit so dämlich grinsen. Wenn die so weitermachen, fliegen ihnen noch die schlechten Jacketkronen aus der Schnauze."

Eva ließ Christine ruhig weiter brabbeln und schob sie langsam, aber bestimmt, Richtung Tür.

"Komm' Christine, wir gehen jetzt besser. Außerdem muss ich Dir unbedingt noch was erzählen."

Doch während der langen Heimfahrt mit dem Taxi kam sie nicht dazu, weil Christine immer noch mit dieser weiblichen Begegnung der dritten Art und selbstverständlich mit ihrem eigenen optischen Schicksal haderte. Aber weil Eva ihr doch unbedingt noch von Herby erzählen wollte, entschied sie einfach, dass Christine heute bei ihr übernachten sollte. Irgendwann musste sie sich ja wieder beruhigen. Da kannte sie den kleinen Giftnickel dessen Königsdisziplin die Stutenbissigkeit war, wohl eher schlecht!

Im Radio liefen gerade die Drei-Uhr-Nachrichten, als Eva sich im Bett noch genüsslich ein paar Chips genehmigte und anfing: "Also ..."

Fünf Minuten später: "... Und dann hat er diese süße Zeichnung für mich gemacht. Soll ich sie dir noch schnell zeigen? Christine? Christine!"

Keine Antwort. Christine schlief bereits den Schlaf der Gerechten. Auch wenn sie sich gerade an diesem Abend ziemlich ungerecht von der Natur behandelt fühlte. Derweil der Wetterfrosch im Radio auch noch ein Tief für die nächsten Tage ankündigte.

5. Traum-Männer

Es dauerte nur wenige Minuten, bis auch Eva eingeschlafen und sanft in eine bunte Traumwelt voller Comic-Figuren abgetaucht war.

Und da erschien auch er wieder: Herby. Im rot-grünkarierten Kimono galoppiert er auf einem platinblonden Schimmel daher, im Hintergrund der schneebedeckte Fujiyama. Doch unser furchtloser Krieger, mit entschlossenem Blick hinter der Nickelbrille, nimmt das herrliche Postkartenpanorama nicht wahr. Denn in der Ferne sieht er schon das Bergkloster Pao Lin auftauchen, wo die Geisha seines Herzens von Redaktions-Mönchen in orangefarbenen Kutten gefangen gehalten wird. Nur weil die schöne E-Va es gewagt hatte, dem schlitzäugigen Chef-Redakteur mit dem fettigen Mongolenbart, Ondyi-Khan, bei der Themenkonferenz zu widersprechen.

Doch die Rettung naht. Vor den Toren des Tempels angekommen, schwingt der kleine Samurai todesmutig seinen großen, dicken Montblanc-Füller und verjagt die gelbe Journalisten-Mafia. Der brutalen Knechtschaft entronnen, sinkt E-Va ihrem Retter zärtlich in die Arme und der platinblonde Gefährte trägt beide im Galopp dem Sonnenuntergang entgegen. Und am Horizont erscheint schemenhaft eine kleine Wiege, Windeln regnen vom Himmel, Kindergeschrei dringt durch die Stille der Glückseligkeit.

"Aah", seufzte Eva wonnevoll im Schlaf, nuckelte am Daumen und umarmte inbrünstig ihr Kopfkissen.

Christine ahnte nichts von dem aufreibenden Japan-Abenteuer ihrer Freundin. Sie stand gerade auf der Bühne ihres eigenen Traum-Theaters:

Unter dem frenetischen Applaus einer begeisterten Männerhorde schreitet sie im gewagten Badeanzug aus pinkfarbenem Rippenstretch über einen endlosen Laufsteg. Alle Blicke sind auf sie gerichtet. Siegessicher schenkt sie der unsichtbaren Menge in dem dunklen Saal ihr Lächeln. Jetzt Totenstille. Nur noch das leise Raunen der neidvollen Konkurrentinnen wabert unter dem schweren Samtvorhang der Bühne hervor. Nun der entscheidende

Moment: Die fünf gestrengen Preisrichter beraten sich. Jede Sekunde scheint endlos. Dann die Erlösung: Fünfmal die Höchstnote 6,0. Das hatte keine ihrer schönen Mitbewerberinnen geschafft. Auch die langbeinige Gazelle und die blonde Katzenberger-Kopie aus der Disco sind weit abgeschlagen. Christine ist die "Schönste Frau 2014".

Ein Meer von roten Baccara-Rosen fliegt ihr zu, ebenso die Herzen der Männer. Sogar die Juroren stürmen begeistert die Bühne. Jeder von ihnen möchte Christine zuerst umarmen. Jetzt erkennt sie auch die Herren in Frack und Tanga-Slip: Es sind die schönsten Männer aller Zeiten, die "Dream-Boys".

Der muskelbepackte Chef-Preisrichter Ken will Christine gerade die Siegerkrone aufsetzen und den goldenen Pokal überreichen, als diese abrupt durch schrilles Klingeln aus ihrem süßen Traum gerissen wird.

"Los Eva, aufwachen! Da ist jemand an der Tür."

"Was? Wieso?"

"Hast du Dich vielleicht für heute morgen verabredet?"

Eva konnte darauf gar nicht antworten. Sie hatte sich noch nicht ganz von ihrem Traum verabschiedet. Doch plötzlich schoss es ihr in den Kopf: "Herby! Vielleicht ist es Herby, der sich von mir verabschieden möchte. Christine, mach sofort die Tür auf. Ich muss unbedingt ins Bad. Er darf mich ′auf keinen Fall so sehen, sonst hab' ich gleich verloren", sagte sie aufgeregt und stürzte aus dem Bett.

Während Christine noch darüber sinnierte, wer denn nun wieder Herby ist, taumelte sie schlaftrunken mit kleinen Schritten zur Tür. Und da stand er, der Mann von der GEZ.

"Gebühreneinzugszentrale, guten Morgen. Haben Sie Ihren Fernseher angemeldet?"

"Echt cooler Spruch, Herby. Komm rein. Eva wartet schon auf Dich", lotste Christine den verdutzten Mann mit Halbglatze und Aktentasche ins Wohnzimmer.

"Eva, Dein Herby ist da", rief sie und dachte nur: "Wegen diesem Typen macht die so ein Theater?!"

Als Eva endlich freudestrahlend und voller Erwartung zur Tür hereinkam, erstarb ihr Lächeln sofort: "Wer ist das denn?"

"Na, Dein Herby, denke ich."

"Der da, das ist doch nicht Herby."

Jetzt erst machte sich auch langsam einmal der Fremde bemerkbar: "Das habe ich auch nie behauptet", piepste er verlegen. "Ich komme von der GEZ wegen der Rundfunkgebühr. Sie haben nicht gezahlt."

Eva fiel gleich in den nächsten Schock. Ihr schwante Böses. Und auch Christine hatte mittlerweile kapiert, wen sie da eigentlich in die Wohnung gelassen hatte: den gnadenlosen Gebühreneintreiber von der Rundfunkanstalt. Der bürokratische Albtraum vertrieb denn auch in Sekundenschnelle die Müdigkeit aus den Augen der beiden Frauen, und dazu die Erinnerungen an die märchenhaften Traum-Männer der Nacht. Denn natürlich hatte Eva noch nie so etwas wie Rundfunkgebühren bezahlt.

6. Der Herzbube

Mit der Stimmung der beiden Frauen stand es nicht gerade zum Besten: Eva hatte so gehofft, dass Herby sie doch noch vom Flughafen aus anrufen würde. Aber mittlerweile musste sein Flieger schon längst abgehoben haben. Und Christine hatte im grellen Neonlicht des Badezimmers statt eines Traum-Bodys wieder die realen Cellulite-Dellen im Spiegel erspäht.

Um nicht in Depressionen zu verfallen, gönnten sich die beiden erst mal ein gemütliches Frühstück. Und zwischen frischen Mohnbrötchen, Multivitaminsaft und wachsweichen Eiern kam Eva endlich dazu, ihrer Freundin ausführlich von dem Comic-Zeichner aus der Disco zu erzählen, der sie so sehr beeindruckt hatte.

Christine lauschte andächtig Evas Schilderungen und unterbrach sie, entgegen ihrer sonstigen Gewohnheit, kein einziges Mal. Erst als Eva verstummte, und mit verklärtem Blick den gestrigen Abend mal wieder vor ihrem geistigen Auge Revue passieren ließ, meldete sie sich wieder zu Wort: "Echt toll für Dich. Du wirst sehen, der ruft bestimmt an, sobald er kann." Und dann ein leiser Seufzer: "So etwas würde ich mir jetzt auch wünschen. Wenn ich nur wüsste..."

"Mensch, du bist jetzt gerade mal ein halbes Jahr solo. Bisschen früh für Torschlusspanik. Außerdem hast du es auch selbst in der Hand. Es gibt so viele Möglichkeiten, relativ schnell an einen Mann zu kommen. Zum Beispiel per Anzeige oder Dating-Plattform im Netz. Oder bewerbe dich doch einfach mal spaßeshalber bei so einer Fernsehshow. Mach' einfach mal bei 'Herzblut' mit!"

"'Herzblut'? Ich weiß nicht, da sehen mich ja alle."

"Na und. Da haben sich bestimmt schon ganz viele Paare kennengelernt."

"Ehrlich?"

"Also ich weiß natürlich nicht genau wie viele. Aber warte mal, ich kenne da doch 'nen Redakteur, der die Castings für die Produktionsfirma macht. Den rufe ich gleich mal an. Soll ich?"

Christine zierte sich noch ein bisschen, war aber dann doch einverstanden. Sie bestand jedoch darauf, dass Eva den Lautsprecher am Handy einschalten sollte. Sie wollte jedes Wort mithören und im Notfall natürlich auch mitreden können, um gleich mal ihre Kriterien und Wünsche für den Traummann anzubringen.

"Wie sieht denn die Tante überhaupt aus", fragte die arrogante Stimme am anderen Ende. "Wir nehmen nämlich nur gutes Material, keinen Schrott. Sonst wird's nur peinlich, verstehst´e?"

Christine kochte und hätte Eva am liebsten das Handy aus der Hand gerissen. Aber die blieb wiederum ganz cool und verschaffte ihrer Freundin prompt einen Termin für die von allen Singles begehrte Sendung 'Herzblut' zur Primetime.

Drei Wochen später war es schließlich soweit: Christine wirkte als Kandidatin bei der größten Flirt-Show des Deutschen Fernsehens mit.

"Mensch Conny, siehst´e denn nicht, dass die glänzt wie 'ne Speckschwarte. Und schminke auf jeden Fall diese grausame Stupsnase weg. Die Haare müssen natürlich auch hoch, wenn die Kleine schon keinen Hals hat", grölte der Aufnahmeleiter durchs Studio.

Christine ließ alles mit sich machen. Sie war so aufgeregt, dass sie nicht einmal mehr zum Kontern imstande war. Schon seit drei Stunden saß sie nun im Studio unter all den hektischen und eingebildeten Fernsehmachern, die sie wie eine leblose Requisite behandelten und nur von einer Ecke in die andere schubsten.

Zuerst musste sie sich dreimal umziehen, weil der herrische Regisseur erst ihr Blumenkleid kitschig und dann ihre Beine zu dick für Lederleggins fand. Zum Glück hatte sie ihren halben Kleiderschrank für den Tagesausflug gepackt. Jetzt stand sie da im engen schwarzen Rock und dem giftgrünen kurzen Blazer. Sie traute sich kaum zu blinzeln, aus Angst, das dicke Make-up könnte abbröckeln. Nun kam sie schon wieder, diese unsympathische, aufgedonnerte Masken-Tusse mit ihrem dicken Pinsel um Christine bestimmt zum zehnten Mal abzupudern.

Nur noch fünf Minuten bis zur Sendung. Christine hätte sich am liebsten irgendwo verkrochen. Auf einmal war ihr Wunsch nach einem Mann wie weggeblasen. Statt gleich auf die Studiobühne zu gehen, würde sie viel lieber gemütlich mit Eva auf dem Sofa sitzen und sich über diese dämlichen Kandidaten bei "Herzblut" lustig machen.

"Also Mädels, jetzt hinsetzen. Eure Plätze wisst ihr ja hoffentlich noch", flüsterte der Produktionsassistent. Zu spät, um an Flucht zu denken. Der Vorhang ging auf und Christine trippelte mit ihren beiden Mitstreiterinnen zu den Barhockern mitten im Studio. Da passierte es: als sie sich setzte, platzte etwas an ihrem hautengen Rock. Was, konnte sie nicht genau orten; aber ihre Befürchtungen waren die schlimmsten. Jetzt war sie einmal im Fernsehen und stand vor einem Millionenpublikum im Freien. Christine wusste in diesem Augenblick noch nicht, dass nur das Futter gerissen war.

"Buona sera und hallo meine Damen und Herren. Ich begrüße sie wieder zu unserer 'Herzblut'-Show. Wo sich Paare nicht nur treffen, sondern auch kennen- und liebenlernen."

Mit großer Geste und selbstgefälligem Lächeln nahm der Star-Moderator der Live-Sendung, Franco Forte, die Bühne in Besitz. Die Combo 'Harry Hertz & die Schrittmacher' begleitete den Auftritt des Italo-Showmasters mit einem lauten Trommelwirbel.

"Und hier die belle ragazze des heutigen Abends: Mona, Stefanie und Christine. Sind sie nicht wunderschön? Unser Kandidat ist ein echter Glückspilz, er hat die Qual der Wahl", schäkerte Franco Forte und streckte Mona das Mikrophon hin.

Die 25-jährige Sekretärin stellte sich kurz vor, nannte brav ihre Hobbies Joggen, Lesen und lang Schlafen. Dann war Stefanie dran: 22 Jahre alt, Sprachstudentin, begeisterte Drachenfliegerin und Inline-Skaterin. Zum Schluss Christine. Ihr pochte das Herz bis zum Hals, sie brachte kaum 'Körber' über die Lippen. Prompt verpasste sie ihren Einsatz: als sie gerade damit angeben wollte, dass sie in ihrer Freizeit am liebsten Kunstausstellungen besucht, war Franco Forte schon lässigen Schrittes hinter der Studiowand verschwunden.

Dort wartete bereits der männliche Kandidat, um den es an diesem Abend ging. "Und hier ist er, unser Supermann der Stunde: Spürnase Ronald Ahrend von der Kripo", verkaufte der Moderator effektvoll seinen blassen, unscheinbaren Geschlechtsgenossen.

Christine dachte sofort an einen Typen à la Schimanski: Lässig, ungeheuer männlich, kantige Gesichtszüge. Eben einfach zum Schwachwerden. Sie wusste schon jetzt ganz genau: den wollte sie haben!

"Ronnie, wenn du dich unserem Publikum bitte vorstellen würdest...", forderte Franco Forte seinen Gast auf, klopfte ihm ermutigend auf die Schulter und zwinkerte ihm verheißungsvoll zu.

Ronald Ahrendt hatte es nötig. Auch er zitterte vor Lampenfieber wie Espenlaub und hatte so gar nichts von einem harten TV-Bullen. Im Gegenteil, der Polizeibeamte im Mittleren Dienst war eigentlich eher schüchtern und zurückhaltend. Auch er hatte sich zu der Show überreden lassen. Die Kumpels von der Dienststelle hatten einfach heimlich eine Bewerbung für ihn an den Sender geschickt. Und kneifen wollte er dann auch nicht.

Jetzt saß er vor zweihundert Zuschauern im Studio und stellte den Kandidatinnen die erste von zwei Fragen: "Ich bin zwar erst 32 Jahre alt, aber als Polizeibeamter werde ich später einmal eine ordentliche Pension beziehen. Was würdest du mit in die Ehe bringen Kandidatin Nummer eins?"

"Geld ist doch unwichtig. Ich würde mit dir in jeder Pension absteigen", gab Mona ihre einstudierte Antwort schlagfertig wieder und kicherte dabei ein bisschen verlegen.

"Und du Kandidatin Nummer zwei? Was bringst du mit?"

Nun sagte Stefanie ihren von der Redaktion vorgeschriebenen Satz auf: "Mich und die Bereitschaft, die Pension mit dir bis auf den letzten Pfennig zu verjubeln."

"Was meinst du, Kandidatin drei?"

Christine wollte gerade loslegen. Doch da war dieses Loch. Jetzt hatte sie doch glatt ihre Antwort vergessen. Diesen einen idiotischen Satz, den sie den ganzen Nachmittag über geübt hatte. Weg, einfach weg. Und zwar spurlos. Aber sie musste etwas sagen, irgendetwas musste sie jetzt sagen: "Äh, also ich hab' eine kleine Lebensversicherung und natürlich einen Bausparvertrag. Das braucht man ja heutzutage. Außerdem spiele ich jede Woche für zehn Euro Lotto mit Zusatzzahl. Und vielleicht erbe ich auch noch das Haus von meiner Oma. Das ist alles, glaub' ich."

Das Publikum war von dieser Antwort total begeistert. Riesiger Applaus, laute Bravo-Rufe und schallendes Gelächter. Den Leuten war nicht klar, dass Christines Gerede eine absolute Verzweiflungstat war. Sie hielten ihre entzückende Hilflosigkeit für überragendes schauspielerisches Talent. Christine verstand überhaupt nicht, was an ihrem Gestammel so komisch war und versuchte, sich wenigstens an ihre zweite Antwort zu erinnern.

Auch Franco Forte standen mittlerweile dicke Schweißperlen auf der fliehenden Stirn. Schnell forderte er Ronald Ahrendt auf, die zweite und letzte Frage zu stellen.

"Nach Dienstschluss mache ich mit meinen Kollegen vom 8. Revier ab und zu Musik. Mit welchem Song kann ich dein Herz gewinnen, Kandidatin Nummer eins?"

Wie aus der Pistole geschossen kam Monas Antwort: "Let's talk about sex, baby'. Das ist der Hit, den ich mir von dir wünsche. Live performt versteht sich!

Auch das Publikum schien diesen Song nur allzu gut zu kennen. Pfiffe und begeisterte Zurufe gellten durch die Reihen.

Ronald Ahrendt schmunzelte zufrieden und wandte sich an Stefanie: "Was soll ich für dich spielen, Kandidatin Nummer zwei?"

"Ganz in Weiß, mit einem Blumenstrauß...", sang die Studentin lauthals den uralten Roy Black-Titel und schaute verklärt.

Das Publikum johlte vor Freude und stimmte gleich die zweite Strophe an. Als dann noch "Harry Hertz & die Schrittmacher" das Ganze musikalisch untermalten, war der Saal kaum mehr zu bremsen. Franco Forte musste seinen ganzen Italo-Charme einsetzen, damit die Sendung endlich weitergehen konnte.

"Mamma mia, das ist ja ein wahrer Hexenkessel hier im Saal. Aber wir wollen doch noch hören, was bella Nummer drei unserem Ronnie zu sagen hat. Also bitte!"

Christine holte tief Luft, und diesmal klappte es: "Ich würde sagen, schick' deine Kollegen nachhause, und dann werden wir beide im Duett den gemeinsamen Takt schon finden. Hinter geschlossener Schlafzimmertür."

"So, meine Damen und Herren, jetzt muss Ronnie sich entscheiden, wer sein Herzblut in Wallung bringen soll. Ich beneide ihn nicht. Na Casanova, wie ich dich einschätze, würdest du doch am liebsten alle drei mit nachhause nehmen, oder? Aber nun spanne uns nicht länger auf die Folter."

Das wünschte sich Christine auch. Nervös rutschte sie auf ihrem Hocker hin und her. Hoffentlich würde Ronnie sie auswählen! Er war bestimmt ein sehr interessanter Mann, schon wegen seines Jobs. Dann noch Musiker mit Pensionsberechtigung. Das würde sogar Eva imponieren. Und abgesehen davon: die ganze Urologenpraxis, ihre Freunde und natürlich die Eltern fieberten jetzt vor dem Bildschirm mit. Es musste einfach klappen.

"Ich entscheide mich für Kandidatin Nummer eins", verkündete Ronnie entschlossen.

Mona, die Sekretärin, kreischte vor Freude, und Christine wäre am liebsten im Erdboden versunken. Doch dazu war jetzt keine Zeit, denn Franco Forte machte sie und Stefanie nun mit Ronald Ahrendt bekannt. Und in diesem Moment wusste Christine, dass sie die eigentliche Gewinnerin des Abends war. Dieser Ronnie sah einfach schrecklich aus: rote Haare, Schnauzer, fahler Teint. Seine Spargeltarzan-Figur steckte in einem grauen Konfirmandenanzug mit Hochwasserbeinen. Dazu trug er diese schrecklichen Busfahrer-Sandalen in kackbraun mit weißen Tennissocken.

Auf die Reaktion von Mona über diese männliche Niete war Christine überaus gespannt. Doch die Assistentin von Franco Forte führte sie gleich hinter die Bühne. So entging ihr Monas säuerliches Grinsen, als ihr der Showmaster eröffnete, dass sie mit Ronnie zwei Tage in den Schwarzwald reisen dürfe. Mit dem 'Herzblut'-Hubschrauber.

Gerade noch mal gutgegangen! Christine war heilfroh, dass ihre kurze Fernsehkarriere jetzt vorbei war und freute sich schon auf die Aftershow-Party.

Sie ging in ihrem verspielten Blümchenkleid dorthin und futterte sich erst einmal durchs kalte Büffet. Mona war der Appetit gänzlich vergangen. Sie saß motzig in der Ecke und hatte überhaupt keine Lust auf Smalltalk mit Ronnie, der voller Besitzerstolz neben ihr thronte und schon Zutrauen gefasst hatte. Christine fühlte fast etwas Mitleid mit dem Zufallspärchen: mit Mona, weil sie Ronnie so ätzend fand; und mit Ronnie, weil er bei Mona absolut nicht landen konnte.

Dafür amüsierte sich Christine umso mehr. Sie quetschte den Regisseur aus, wie so eine Sendung wie 'Herzblut' eigentlich entsteht, unterhielt sich mit der Maskenbildnerin über Prominente, die sie schon geschminkt hatte, und mit dem Regieassistenten fiel sie per Strohhalm über die hervorragende Himbeerbowle her. Ein aufregender Abend! Nach der Sendung waren die Leute plötzlich alle viel lockerer drauf und viel netter. Vor allem Franco Forte, der sich Christine gegenüber nun als glutvoller Latin Lover entpuppte. Sie genoss den kleinen Flirt, aber bevor es gefährlich werden konnte, verkrümelte sie sich lieber unauffällig in ihr Hotelzimmer.

Der prominente, gutaussehende Mann vom Fernsehen gefiel ihr zwar verdammt gut, doch das Scriptgirl hatte ihr schon vor der Show in der Garderobe gesteckt, dass der feurige Italiener längst verheiratet war und in Bella Italia vier Kinder sitzen hatte. Und auf eine Spaghetti-Schlacht mit der eifersüchtigen Mamma Miracoli hatte sie nun absolut keine Lust.

7. Gabriela geht anschaffen

Christine fand ihren Fernsehauftritt im nachhinein richtig cool und aufregend. Sie brannte geradezu darauf, allen von ihrem TV-Abenteuer zu erzählen. Ihren ersten Arbeitstag nach dem großen Ereignis verbrachte sie denn auch vornehmlich damit, ihren neidischen Kolleginnen in aller Ausführlichkeit von ihrem Blick hinter die Kulissen zu berichten: "Also dieser Franco Forte, ein toller Typ! Allerdings auch ziemlich aufdringlich. Der wollte mir ständig an die Wäsche. Ich hab' ihn natürlich voll abblitzen lassen. Aber er wollte trotzdem unbedingt, dass wir weiter in Kontakt bleiben. Falls er mal eine Assistentin für die Show braucht, oder so. Naja, dann hab' ich ihm schließlich doch meine Handynummer gegeben. Ich brauche ja nicht ranzugehen, wenn's klingelt."

Auch ihr Chef, Dr. Weber, blieb nicht von ihrem übermächtigen Redeschwall verschont. Zwischen Urinproben-Analyse im Labor, Ultraschall- und Prostata-Untersuchung im Behandlungsraum wurde er immer wieder mit ihren farbenfrohen Schilderungen bombardiert: "Da wird vielleicht ein Aufwand betrieben, was das kostet! Hinter den Kulissen sind mindestens zwanzig Mann rumgesprungen und jeder fühlte sich noch wichtiger. Ein absolutes Chaos. Wenigstens bin ich total ruhig geblieben, ganz entspannt und locker. Wenn wir hier so arbeiten würden wie diese durchgeknallten TV-Leute. Ein Wahnsinn!"

Christine brachte den Chef im Laufe des Tages fast so weit, dass er bald glaubte, selbst als Kandidat dabei gewesen zu sein.

Aber das dankbarste Publikum waren immer noch die leidgeplagten Patienten im Wartezimmer, die sich sowieso langweilten und alle Zeitschriften schon in- und auswendig kannten: "Sie müssen sich diese Hitze nur mal vorstellen. Dutzende von Scheinwerfern. Und ständig kommt die Maskenbildnerin und pudert einen ab, damit man vor der Kamera nicht so glänzt. Der Moderator war total hektisch. Er hatte absolutes Lampenfieber. Hätte ich nicht gedacht bei so einem Profi. Auch die anderen Kandidaten sahen ganz blass aus vor dem Auftritt. Ich war ja total cool. Schließlich, was ist das schon, so 'ne Fernsehshow. Die kochen doch alle nur mit Wasser!"

Obwohl sie zumindest an diesem Tag der Star in der Urologen-Praxis war, konnte sie es kaum noch erwarten, Eva und die anderen Mädels im "Gusto" zu treffen. Ihrer Lieblingskneipe, wo sich jeden ersten Montag im Monat um 20 Uhr eine kleine Damenrunde zum Single-Stammtisch verabredete. Normalerweise waren sie zu sechst, doch heute würden sie nur zu viert um den runden Tisch des gemütlichen Bistros sitzen. Marion und Anna hatten sich für dieses Mal abgemeldet. Sie verbrachten zusammen einen Club-Urlaub in Tunesien.

Also stießen nur Gabriela Jung und Ruth Hasler zu Christine und Eva. Beide waren ehemalige Schulfreundinnen der Arzthelferin und gehörten von Anfang an zur Weiberrunde, die sich vor zwei Jahren wegen akuter Männerknappheit zusammengefunden hatte.

Gabriela war eine Pausen-Bekanntschaft von Christine aus der Berufsschule. Jetzt arbeitete die rothaarige Frau mit den aufregenden Kurven als Chef-Sekretärin in einer großen Speditionsfirma. Sie liebte ihren Job zwar nicht besonders, doch dafür konnte sie eine ruhige Kugel schieben, hatte einen netten Chef und verdiente nicht gerade schlecht: immerhin 3000 Euro netto! Eine schöne Stange Geld. Trotzdem jammerte die 29-Jährige ständig, dass sie kaum Geld hat. Ihre Freundinnen wunderte das überhaupt nicht, bei den Klamotten, die sie trug. Nur das Teuerste vom Teuersten und immer nach dem letzten Schrei. Für Ruth wäre das nichts gewesen. Die Bibliotheks-Angestellte mit Pagenkopf war eher eine graue Maus und sah eigentlich ein bisschen älter aus als 30 Jahre. Das lag vor allem an ihren ziemlich biederen Standardkombinationen wie Rock mit Bluse oder Bundfaltenhose mit Rollkragenpullover. Äußerlich passte sie natürlich nicht so ganz in die Runde, aber trotzdem mochten sie alle, weil sie ein echter Kumpel war, mit dem man Pferde stehlen konnte. Außerdem war Ruth eine begnadete Köchin und lud die Single-Runde in regelmäßigen Abständen zu sich nach Hause ein, um ihnen die neuesten kulinarischen Hochgenüsse aus ihrer Küche zu kredenzen.

"Schade, dass wir ausgerechnet heute nicht komplett sind. Naja, ich kann den beiden Urlauberinnen von meiner Fernseh-Karriere ja auch nächstes Mal erzählen", begann Christine enthusiastisch ihre bis ins kleinste Detail reichenden Schilderungen über Herzblut, Schreck-Kandidat Ronald, den aufgeplatzten Rock, Moderator, Regisseur und Aufnahmeleiter, Scheinwerfer, Kabel, Kameras... Zuerst lauschte die Runde noch andächtig Christines Reportage, aber irgendwann konnte nicht einmal mehr der heißblütige Signore Franco Forte sie vom Hocker hauen. Als Christine kurz an ihrem Sprudel nippte, nutzte Gabriela spontan die Chance: "Sagt mal, hat eine von euch schon den neuen Film gesehen, diese schräge Komödie "Männer – als gäb's sonst nichts!'?"

Christine schaute etwas pikiert. Schließlich hatte sie ja nicht nur bei der Show mitgemacht, um auf eine billige Tour an Männer ranzukommen. Aber die anderen verstanden eben auch nichts vom Fernsehgeschäft. Und weil sie davon ausging, dass die Mädels eh nur neidisch und eifersüchtig waren, kam an diesem Abend kein Wort mehr zu dem Thema über ihre Lippen. Sie schmollte. Nur ein bisschen, aber intensiv.

"Was, ihr habt den Film noch nicht gesehen? Da habt ihr echt was verpasst", schwärmte Gabriela. "Es geht nur um Männer, einer bekloppter als der andere. Echt witzig! Am Anfang denkt man noch, solche Typen gibt's doch gar nicht; doch wenn mal drüber nachdenkt, hatte jede von uns den einen oder anderen schon mal zuhause sitzen. So ähnlich jedenfalls. Sind ja doch alle gleich."

"Ist das etwa so'n doofer Emanzen-Streifen von frustrierten Weibern, die eh keinen mehr abkriegen?", fragte Eva misstrauisch und kräuselte die Nase.

"So was guck' ich auch nicht gerne. Diese Tussen sind immer so zickig und meistens auch noch hässlich. Abgefressene Haare und Stachelbeerbeine in derben Urtretern. Wollsocken und Teppichtaschen aus dem Bioladen eben. Da steh' ich grade drauf." Christine kam schon wieder richtig in Fahrt.

"Nee, nee, so doch nicht. Die Frauen sind ganz okay. Es werden halt Geschichten erzählt, was die mit ihren Typen alles erleben. Und das ist einfach saukomisch."

Jetzt mischte sich auch Ruth in die Diskussion ein: "Ich geh' doch nicht ins Kino, damit mir irgendein Regisseur etwas vorsetzt, was ich privat sowieso schon kenne. Nein danke! Da erlebe ich die Pleiten mit den Typen ja gleich doppelt."

"Dann lassen wir das Thema eben", brach Gabriela die Unterhaltung ab und winkte nach dem Kellner. "Bringen Sie uns doch bitte noch eine Flasche Beaujolais Primeur. Ich geb' heute einen aus, Mädels."

"Wieso, gibt's denn was zu feiern?", wollte Christine gleich wissen und beugte sich neugierig über den Tisch.

"Ja, das kann man wohl sagen. Ich war nämlich heute beim Makler und habe den Kaufvertrag für meine zweite Eigentumswohnung unterschrieben. Hundert Quadratmeter mit Südterrasse."

Den drei Frauen verschlug es die Sprache. Sie schauten Gabriela ungläubig und entgeistert zugleich an. Und jede von ihnen fragte sich: "Sekretärin, 3000 Euro, keine reichen Eltern, nicht liiert, wie macht die das bloß?" Die einzige Erklärung, die sie für den Wohnungskauf hatten: "Ein Lottogewinn! Genau, Gabriela musste im Lotto gewonnen haben."

Nur Christine in ihrer etwas naiven und konsequent penetranten Art traute sich, Gabriela direkt auf die Finanzierung anzusprechen: "So was muss doch ein Vermögen kosten. Also, ich könnte mir noch nicht mal eine Laube in der Schrebergartenkolonie leisten, geschweige denn hundert Quadratmeter in der Stadtmitte. Woher hast du denn so viel Geld?"

Gabriela zögerte einen Moment, nahm einen großen Schluck Beaujolais und sagte dann mit eindringlichem Blick und gesenkter Stimme: "Wenn ihr mir wirklich versprecht, dass es unter uns bleibt, und ihr es hundert Prozent nicht weiter erzählt, dann verrate ich euch, woher ich das Geld habe. Schließlich seid ihr meine besten Freundinnen und ich glaube eigentlich, ich kann euch vertrauen. Hoffentlich!"

Die Drei platzten fast vor Neugier, rückten ein bisschen näher zu ihrer Freundin und nickten einhellig voller Zustimmung und mit großen Augen.

"Okay, es fällt mir zwar nicht leicht, euch das zu sagen, aber ich muss auch mal mit jemandem drüber sprechen. Also: Ich habe da so eine kleine Nebeneinnahme. Eine Nebenbeschäftigung sozusagen. Ich verkehre mit Männern nämlich nur noch professionell."

Eva verstand sofort, was Gabriela meinte. Ruth befürchtete dasselbe, konnte und wollte es aber nicht glauben. Nur Christine fragte: "Wie, professionell? Wie meinst du denn das?"

"Na wie wohl? Ich verlange halt Geld dafür."

"Wofür?", bohrte Christine nach, während Eva ihr unter dem Tisch gegen das Schienbein trat und Ruth sie nur mitleidig ansah.

"Also, ich verwöhne Männer und bekomme dafür eine finanzielle Anerkennung. Aber nicht, dass ihr denkt, ich stehe nachts an der Straße. Die Kunden kommen zu mir nach Hause. Manager, Ärzte, Rechtsanwälte und so", erklärte Gabriela ihre lukrative Gehaltsaufbesserung.

Betretenes Schweigen, konsternierte Blicke und nervöses Stühlerücken bei den drei Frauen, denen bei derlei Enthüllungen glatt die Spucke wegblieb, und die nicht so recht wussten, wie sie jetzt reagieren sollten. Als erste berappelte sich Christine wieder: "Ist ja 'n Ding. Das hätte ich dir ja nie zugetraut. Ekelt dich das denn nicht, immer fremde Männer? Und wenn einer fett und hässlich ist?"

Jetzt platzte Ruth endgültig der Kragen und sie konnte ihren Mund nicht mehr halten: "Dick oder dünn ist ja wohl nicht das Problem. Hier geht's doch um ganz andere Sachen. Unsere liebe Freundin ist ein Geldgeier und ich finde es einfach widerlich, seinen Körper zu verkaufen. Ekelhaft! Ganz abgesehen von Aids und so. Fürchterlich!"

"Moment mal", mischte sich Eva ein, "Gabriela wird schon ihre Gründe haben. Ich kann mir so was für mich ja auch nicht im geringsten vorstellen, aber das ist doch hier kein Tribunal. Lasst Gabriela lieber erklären, wie sie überhaupt darauf gekommen ist."

"Eine Kollegin von mir arbeitet für so eine Agentur als Hostess, und die hat mich vor ungefähr einem Jahr ganz offen gefragt, ob das nicht auch etwas für mich wäre. Zuerst fand ich das Angebot ja völlig unmöglich und beleidigend. Aber dann hat sie mir erzählt, was sie dabei verdient. Ein dicker Audi, schicke Klamotten, Rolex - so was kommt nicht von ungefähr! Von meinem Gehalt jedenfalls nicht. Ich hatte immer nur Schulden bei der Bank. Außerdem ließ mich zu der Zeit auch noch meine große Liebe Horst sitzen. Es kam eben irgendwie alles zusammen. Und dann hab' ich es halt mal gemacht. Ich hatte es mir eigentlich viel schlimmer vorgestellt, aber der erste Typ war ganz nett und irgendwie gewöhnt man sich ja auch dran."

"Daran gewöhnen? Ist doch pervers, für ein tolles Auto mit Wildfremden ins Bett zu steigen!", empörte sich Ruth und wurde immer lauter: "Geh' doch putzen, wenn du unbedingt Deine blöde Angeber-Uhr brauchst. Ich könnte jedenfalls nicht mehr in den Spiegel gucken an deiner Stelle."

Christine schloss sich Ruths Empörung nur halbherzig an: "Also ich finde Sex mit Hinz und Kunz auch eklig. Aber viel Geld hat ja auch was für sich. Gabriela fährt immerhin dreimal im Jahr in Urlaub. Das kann sich von uns keine erlauben. Oder? Eva, sag' doch auch mal was dazu."

Das war für Eva gar nicht so einfach. Sie konnte alle Standpunkte irgendwie nachvollziehen. "Ich finde, dass jeder grundsätzlich tun und lassen kann, was er will. Für mich käme so ein Job nicht in Frage. Aber wenn Gabriela mit diesem Leben glücklich ist. Ich sehe nur ein großes Problem: Was ist, wenn du dich tatsächlich mal verliebst?"

Ruth wollte Gabrielas Antwort gar nicht erst abwarten und polterte zornig dazwischen: "Die und verlieben? Pah! Merkt ihr denn nicht, dass die total abgebrüht ist. Die interessiert sich doch nur für Kohle. Und..."

"... besser als gar kein Sex, mein Liebe! Es geht dich einen Scheiß an, mit wem ich wann und wo für wie viel Geld in die Koje steige. Am besten hätte ich gar nichts gesagt. Wie blöd von mir zu glauben, dass ihr Freundinnen seid und zumindest versucht, mich zu verstehen. Neidisch seid ihr, sonst nichts! Und feige auch noch. Richtig intolerante Zicken und verklemmte Moralapostel. Ihr könnt mich mal!", zischte Gabriela, grapschte ihren blauen Wollmantel mit Pelzbesatz und rauschte mit wehenden Haaren aus dem "Gusto".

Jetzt merkten die drei Grazien auch, dass das ganze Lokal in ihre Richtung starrte und es war ihnen verdammt unangenehm. Dem Kellner auch. Er fragte eine Spur zu locker-flockig: "Na, Mädels, braucht ihr vielleicht was Hochprozentiges?"

"Hau' bloß ab, Mann", fauchte Christine stinkig, "ich habe jetzt keine Lust mehr. Der Abend ist sowieso versaut. Los, wir gehen."

Eva war einverstanden, aber Ruth wollte einfach nicht locker lassen: "Kommt gar nicht in Frage. Das will ich jetzt ausdiskutieren. Wie stellt ihr euch das eigentlich vor, wie das in Zukunft weitergehen soll? Sollen wir uns das nächste Mal mit Gabriela und ihren Freiern treffen? Nein danke! Aber euch scheint das ja nicht soviel auszumachen, dass unsere Freundin eine billige Hure ist."

"Jetzt mach' aber mal 'nen Punkt", schnauzte Eva mit funkelnden Augen zurück und schlug mit der Faust auf den Tisch. Christine klimperte ganz aufgeregt mit den Wimpern und biss sich aufgeregt auf die Lippen. So in Rage hatte sie ihre Freundin noch nie erlebt.

"Was glaubst du denn eigentlich, wer du bist? Du führst dich hier auf wie der Großinquisitor. Was du sagst, ist wohl das Evangelium?!"

Ruth schnappte gehörig nach Luft, ihr Hals wurde immer dicker, der Kopf immer roter. Eva konterte optisch mit pochenden Schläfen und geblähten Nasenlöchern. Das gemütliche "Gusto" verwandelte sich innerhalb weniger Sekunden in eine Arena. Die beiden Kampfhennen stritten, was das Zeug hielt, schlugen sich die Argumente schonungslos um die Ohren und warfen sich die derbsten Schimpfworte an den Kopf. Es war ihnen mittlerweile "scheißegal", ob sich das ganze Lokal über sie amüsierte oder empörte.

Und Christine? Sie sagte vor Schreck überhaupt nichts mehr, hatte sich aber gedanklich längst auf die Seite von Eva geschlagen und feuerte sie in alter Boxer-Manier an: "Los, gib's ihr! Mach' sie fertig! Hau' sie platt!" – zumindest im Geiste.

Irgendwie muss Eva die bessere Rhetorik oder die besseren Nerven gehabt haben, denn es war Ruth, die plötzlich aufsprang und voller Zornesfalten im Gesicht aus der Kneipe stampfte.

"Tja, das war's wohl mit unserem Stammtisch. Ruth ist ganz schön zickig. Ehrlich, so war die früher nicht. Naja, so werden Frauen eben, wenn sie lange keinen Freund hatten!", griente Christine.

"Die eine hat gar keinen, die andere gleich das ganze Bett voll. Vielleicht sollten sich die beiden einfach zusammenschmeißen", witzelte.

"Prima Idee. Und den Ausschuss teilen wir beide uns dann. Apropos teilen, haben Gabriela und Ruth eigentlich ihre Zeche gezahlt?"

Natürlich nicht nach dem ganzen Gezeter! Tja, wenn Frauen zu Furien werden, kann das unter Umständen auch ganz schön teuer werden!

8. Fit for Love

Draußen pfiff der Wind um die Häuserecken und fegte stürmisch das letzte Laub von den Bäumen. Dicke Regentropfen klatschten gegen die Fensterscheiben und die Straßen waren an diesem Samstagnachmittag wie ausgestorben. Auch Eva hatte keine Lust, einen Fuß vor die Tür zu setzen. Sie wollte es sich zu Hause so richtig gemütlich machen. Und das bedeutete für sie Ravels "Bolero" vom iPod, eine Tasse Cappuccino und eine Tafel Kokos-Schokolade von Aldi. Bei Kerzenlicht kuschelte sie sich in ihrem bequemen Jogging-Anzug aufs Sofa und genoss das Alleinsein in ihrer Wohnung. Ein ganzes Wochenende ohne Termine und Verpflichtungen. Noch nicht einmal Christine würde sie zum Ausgehen überreden. Sie war für zwei Tage zu ihren Eltern aufs Land gefahren.

Eva verschwendete auch einen kurzen Gedanken an Comic-Herby, der sich immer noch nicht bei ihr gemeldet hatte. Als ob es in Japan keine Internet-Cafés gäbe! Aber sie wollte sich dadurch jetzt nicht die Laune vermiesen lassen, und weil sie gerade mal wieder einen dieser verhassten Pickel am Kinn ertastet hatte, fasste sie spontan den Entschluss, ihre Kosmetika im Bad heute alle auf einmal zum Einsatz zu bringen; einschließlich der Pröbchen, die ihr Christine neulich mitgebracht hatte.

Also stülpte sie sich ein Stirnband über, um ihre Haare aus dem Gesicht zu kriegen und dann inspizierte sie ihre Bestände: die Face-Lotion kam zum Schluss, auch die Nagelcreme würde sie später einmassieren. Jetzt erst einmal die Maske, das konnte nie schaden. Eva hatte die Qual der Wahl zwischen einer grünen Rubbel-Maske, einer grauen Peeling-Paste, einer rosa Feuchtigkeitsampulle zum Einschleusen in die großen Poren und einem weißen Lifting-Produkt, welches versprach, alle kleinen Fältchen in Minuten auszumerzen. Weil sie sich nicht entscheiden konnte, ob sie lieber ihre lästigen Pickel oder die ersten Fältchen bekämpfen sollte, schmierte sie sich alle Präparate nacheinander ins Gesicht. Auch Dekolleté und Hals bekamen ihr Fett weg. Eva stoppte die Renovierungsarbeiten erst, als ihr Gesicht rosig wie ein Kinderpopo glänzte. So frisch und gepflegt sollte natürlich auch der Rest aussehen. Also weichte sich Eva unter der warmen Dusche erst mal ein, schrubbte wie wild mit dem Lufa-Handschuh an sich herum, sagte der Hornhaut via Bimsstein den Kampf an und klatschte eine Aloe Vera-Packung auf ihre kurzen Haarstoppeln. Zum Schluss kam auch noch der Nassrasierer zum Einsatz.

Als Eva sich in ihrem dampfenden Bad abtrocknete, fühlte sie sich wie neu geboren. Noch etwas Parfüm, jetzt war sie fast perfekt. Aber halt, Maniküre und Fußpflege standen auch noch auf dem Schönheitsprogramm. Eva schnitt, feilte und polierte bestimmt eine halbe Stunde, bevor sie sich dicke Wattebäuschchen zwischen die Zehen stopfte und das Fläschchen mit dem Nagellack aufschraubte. Als sie ihre Malerarbeiten fast abgeschlossen hatte, klingelte plötzlich das Handy. Wie auf Entenfüßen watschelte sie, etwas genervt über die Ruhestörung, zur Ladestation im Flur und griff mit spitzen Fingern nach dem Apparat.

"Edelmann!", meldete sich Eva barsch.

"Eva, bist du's?", rauschte eine Männerstimme am anderen Ende.

"Wer spricht denn da überhaupt?"

"Ich bin's, der Typ, der seit einer Woche ungewaschen in Japan rumsitzt, um Deine Handynummer auf dem Arm zu konservieren."

"Herby", säuselte Eva jetzt und ihre Stimme klang gleich eine Oktave höher, als hätte sie die Flasche Nagellackentferner ausgetrunken. Stammelnd vor Aufregung und Freude brachte sie nur noch ein knappes "Wie geht's denn so?" heraus.

"Eva, ich verstehe Dich ganz schlecht. Der Empfang hier ist total mies. Pass' auf, ich komme nächste Woche zurück, und dann rufe ich dich sofort an. Also Tschü... Tuuuuut."

"Aber, Her...", versuchte Eva Herbys Stimme vom anderen Ende der Welt wiederzubeleben. Zu spät.

Der Nagellack war zwar immer noch nicht trocken, doch das war jetzt zweitrangig. Eva tänzelte glückselig mit ihren Wattebäuschchen zwischen den Zehen über das Parkett bis zu ihrem Schreibtisch, kramte das Burgfräulein und ihren Galan aus der Schublade, schwebte zum iPod und tauschte Ravel gegen Barry White und sein "Lovesong"-Album aus. Dann ließ sie sich mit einem Stoßseufzer und der Zeichnung im Arm aufs Sofa plumpsen, um die Tafel Schokolade mit einem "Aaaah, Herby..." genussvoll zu vernaschen.

Die nächsten Tage schwebte Eva auf einer rosaroten Wolke und saß gleichzeitig wie auf glühenden Kohlen, weil sie das Wiedersehen nicht abwarten konnte. Immer wieder stellte sie sich die Begegnung mit Herby vor: Was sie anziehen würde, was sie sagen würde, was sie tun würde. Jedes Mal sah das Treffen anders aus. Ein romantisches Essen bei Kerzenlicht, ein langer Spaziergang durch den Wald oder einfach willenloses übereinander Herfallen, egal wo. Und geknutscht wurde bei jeder Variante.

Dann endlich war es soweit. Herby rief gleich nach seiner Ankunft am Flughafen an und lud Eva für den nächsten Abend zu einem japanischen Dinner zu sich nach Hause ein.

Eva plante das Treffen generalstabsmäßig. Sie wollte nichts dem Zufall überlassen. Schließlich ging es um alles oder nichts! Also überredete sie ihren Chef zu einem Tag Urlaub. Den Dessous-Laden hatte sie schon vor zwei Tagen durchstöbert und sich ein sündhaft teures Ensemble aus schwarzer Seide mit Spitze gekauft. Damit die zarten Verführer auf ihrer Haut auch richtig zur Geltung kamen, legte sie sich auf Anraten von Christine noch zweimal unter den Turbo-Bräuner. "Wenn du willst, kannst du natürlich auch mein pinkfarbenes Kleid haben. Da ist bis jetzt noch jeder schwach geworden", unterstützte die beste Freundin das Unternehmen "Anmache". Eva lehnte dankend ab und kaufte sich dafür im Internet einen hautengen Overall mit Netzeinsatz und tiefem Ausschnitt. Wie geschaffen für ihre recht knabenhafte Figur. Durch den neuen BH hatte sie sogar einigermaßen Oberweite darin. In ihre große Umhängetasche packte sie vorsichtshalber ein kleines Übernachtungsset: Reisezahnbürste, Make-up-Entferner, Augen- und Tagescreme und natürlich den Abdeckstift. Eine Packung Kondome vorsichtshalber auch.

Kurz vor 19 Uhr knatterte Eva dann mit ihrem Mercedes Diesel, Baujahr 1965, los. Die Fahrroute kannte sie auswendig. Schon 'zig Mal war sie mit dem Finger auf Google Maps zu Herby gegurkt.

Mit pochendem Herzen und zittrigen Fingern suchte Eva nach dem Klingelschild. "Hauber – hier ist es." Schnell drückte sie den weißen Knopf bis zum Anschlag herunter. Das war geschafft! Als sie endlich hechelnd im fünften Stock ankam, stand Herby lächelnd in der Tür, verbeugte sich tief und drückte ihr dann rechts und links einen samtenen Schmatzer auf. Ganz stilecht trug der Heimkehrer aus dem Land der aufgehenden Sonne einen schwarzen Kimono und japanische Holzsandalen.

Irgendwie hatte sich Eva ihren Auftritt ganz anders vorgestellt. Jetzt stand sie da nach Luft ringend und konnte nicht einmal "Hallo" sagen. Dafür brabbelte zum Glück Herby gleich los: "Sayonara und willkommen. Schön, dich wiederzusehen. Wie wär's mit einem kleinen Drink? Zum Luftholen sozusagen. Ich habe Sake mitgebracht. Magst du den?"

"Ja, den trinke ich ganz besonders gerne", hauchte Eva und hatte dabei rosarote Herzchen in den Augen.

"Das Essen ist gleich fertig. Ich muss dich aber noch einmal fünf Minuten alleine lassen. Mach's dir doch gemütlich. Vielleicht legst du uns ja etwas Musik auf?"

Herby verschwand in der Küche und Eva machte sich an der alten Wurlitzer-Musicbox zu schaffen, die mitten im Raum stand. Perfekt: Barry White war im Angebot. Und sie hoffte, dass Herby diese zarte Anspielung verstehen würde.

Während er in der Küche herum klapperte, schaute sich Eva in der Atelier-Wohnung, die fast wie eine Galerie aussah, um. Spärliche Möblierung, aber moderne Kunst ohne Ende. Ihr gefiel Herbys Wohnstil, auch weil sie die eine oder andere Gemeinsamkeit entdeckte.

"So, jetzt kann's losgehen, ich hoffe, du hast auch ordentlich Hunger mitgebracht", kam der strahlende Herby mit einem riesigen Tablett aus der Küche. Darauf standen kleine Schälchen mit den verschiedensten Soßen, daneben flache Lackteller mit kleinen Reisröllchen. "Oh Gott, Sushi!", schoss es Eva durch den Kopf. Herby konnte ja nicht ahnen, dass diese rohen Fischhäppchen so ziemlich das Schrecklichste waren, was er Eva vorsetzen konnte. Doch das wollte sie jetzt auf keinen Fall zugeben. Er hatte sich doch so viel Mühe gemacht und war richtig stolz auf seinen japanischen Imbiss. Also griff Eva zaghaft zu einem "Rohling" und gleichzeitig entschlossen zum Sake-Glas. Diese bereits erprobte und bewährte Kombination behielt sie bei, bis die Platte leer war.

"Schmeckt echt super. Total fischig", lallte Eva, die den Reiswein völlig unterschätzt hatte. "So gut habe ich Sushi noch nie gegessen. Wirklich schade, dass es schon alle ist."

"Kein Problem. Ich hab' noch eine zweite Ladung in der Küche. Ich hole sie gleich."

"Nein, nein, lass' nur", wehrte Eva die lukullische Bedrohung ab und prostete Herby schnell zu: "Auf diesen Abend, auf Japan und auf die armen Fische." Der Sake machte ihr ganz schön schwer zu schaffen. Ihr war leicht schwindelig und sie wollte Herby am liebsten auf der Stelle um den Hals fallen. Nach dem nächsten Sake tat sie's auch.

Und Herby? Der schien von Evas Liebesattacke keineswegs überrascht. Im Gegenteil. Seine linke Hand wanderte schnurstracks unter Evas Pulli, die rechte streichelte ihr zärtlich und zielgerichtet über den Oberschenkel. Die ziemlich benebelte Eva ließ jetzt alle Hemmungen fallen. Unter leidenschaftlichen Küssen zog sie den mehr als willigen Herby zu seinem großen Bett. In ihrem Taumel nahm sie nicht einmal mehr den Champagner-Kübel neben der frisch bezogenen Spielwiese wahr. Auch nicht die mit einem roten Tischtuch verhangene Stehlampe und die darunter deponierten Kondome mit Sake-Geschmack.

Herby war schließlich auch kein Kostverächter und hatte die Kingsize-Schlafstätte natürlich ebenfalls als Endstation für Evas Besuch vorgesehen. Nur jetzt war er eben etwas schneller als geplant dort gelandet.

9. Mister Butterfly

In den kommenden Monaten verbrachten Herby und Eva jede freie Minute miteinander. Sie hatte ihm mittlerweile auch gestanden, dass sie Sushi hasste und er weitaus mehr für sie war, als nur eine kleine Affäre. Auch Herby ertappte sich immer öfter dabei, dass er statt witziger Comic-Monster jetzt Figuren zeichnete, die Eva wie aus dem Gesicht geschnitten waren. Wo er sich auch in seiner Wohnung aufhielt, überall prangte Eva in voller Schönheit: auf der Dunstabzugshaube vom Herd, am Badezimmerspiegel, an der Decke über dem Bett und in Augenhöhe zweimal auf dem Klo. Einmal vor der Schüssel, einmal dahinter – je nach Position.

Auch in Evas Wohnung türmte sich Herby auf verschiedensten Polaroids: Herby in der Badewanne mit Schaumkrönchen, Herby in Riesen Boxershorts mit aufgedruckten Rittern, Herby mit Schürze beim Hausputz, Herby beim Bemalen von Evas Briefkasten, Herby wild gestikulierend am Tablet, Herby beim Nasebohren, Herby beim Aufwachen...

Abendtermine versuchte Eva jetzt immer ihrer Kollegin aufs Auge zu drücken. Und auch in der Mittagspause ging sie nicht mehr mit den anderen Redakteuren in die Kantine, sondern traf sich lieber mit Herby an der Frittenbude um die Ecke. Obwohl er eigentlich gar keine Zeit dafür hatte, denn mit seiner Buchidee für den japanischen Auftraggeber war er schon mehr als vier Wochen im Rückstand. Aber das war ihm total egal; er hatte schließlich Wichtigeres zu tun: Zum Beispiel die Sache mit der gemieteten Litfaßsäule vor Evas Tür. In einer Nacht- und Nebelaktion rückte Herby dort mit seinen dicken Filzstiften und einer langen Leiter an – und begann im Laternenlicht zu zeichnen. Es war schon kurz nach Mitternacht, als ein älterer Herr mit Mops an der Litfaßsäule vorbeikam. Der Mann beobachtete den Unbekannten auf der Leiter ganz genau, wunderte sich etwas über die Mondschein-Pinselei und ging dann kopfschüttelnd weiter: "Diese Künstler. Ganz schön verrückt. Komm' Lothar, wir gehen jetzt heim."

Als Herby zwei Stunden später zu Eva unter die Decke kroch, murmelte sie vollkommen verschlafen: "Wo warst du denn? Du hast ja Füße wie Eisklumpen." Herby antwortete nicht und schlief erschöpft mit einem Lächeln im Gesicht und verschmierten Fingern ein.

Als Eva am nächsten Morgen von Herby geradezu vor das Säulen-Kunstwerk gezerrt wurde, traute sie ihren müden Augen nicht: In einer verschneiten Berglandschaft hangelte sich Dschungelkönig Tarzan todesmutig über eine tiefe Schlucht - von Eiszapfen zu Eiszapfen. Der Herrscher des Urwaldes hatte wohl nicht nur zufällig eine verblüffende Ähnlichkeit mit Herby. Nur diese Klamotten kannte Eva noch nicht an ihm: Pelzhöschen im Zebra-Look, Pelzstiefel à la Bobtail und dazu passende Flausch-Fäustlinge mit Strippe um den Hals. Als Krönung der arktischen Pret-à-porter trug der Dschungelheld eine puschelige Kaninchenfellmütze mit Ohrenklappen. Doch Tarzan schwang sich nicht allein durch den dunklen und gefährlichen Fichtenwald voller bedrohlicher Tannenzapfen und pieksender Nadeln. Die schöne Jane – Eva übrigens wie aus dem Gesicht geschnitten – eilte dem tiefgekühlten Recken entgegen. Im Damensitz auf einem Rennschlitten mit Außenbordmotor. Und vom Himmel schneite es Eisblumen.

Eva verschlug es vor Rührung fast die Sprache, ihr wurde ganz warm ums Herz. So eine Liebeserklärung hatte ihr bisher noch kein Mann gemacht. "Das ist so süß, Herby. Mein Gott, bist du lieb. Ich kann's gar nicht fassen. Und diesmal stimmt sogar meine Oberweite", zwinkerte sie ihm zu und flüsterte: "Ich liebe Dich!"

Weil sie sich beide wie verrückt liebten, hatten sie auch immer volles Programm: Wenn Kino, dann immer gleich drei Liebesfilme hintereinander; wenn Spazierengehen, dann gleich stundenlang eng umschlungen und Hand in Hand; wenn Museum, dann gleich von der Antike bis zur Moderne und knutschen vor jedem Gemälde. Wenn sie dann von ihren Exkursionen nach Hause kamen, hatten sie nichts Eiligeres zu tun, als sich sofort aufs Bett zu schmeißen und... Wenn, dann richtig! Allerdings immer öfter ohne Kondom. Eva vergaß sie – und Herby vergaß sich...

Und was war mit Christine? Sie ging zwar mit den beiden öfter mal zum Essen oder auf eine Party, aber begeistert war sie von diesem "flotten Dreier" überhaupt nicht. Sie fühlte sich immer wie das dritte Rad am Wagen, das schon längst einen Platten hatte. Außerdem ging ihr dieses ewige Geknutsche und Geturtele total auf die Nerven. Es war ja kaum noch auszuhalten, wie die beiden sich dauernd anhimmelten. "Und wenn Eva noch einmal Schnurzelpurzel zu diesem abgebrochenen Riesen sagt, platz' ich", eifersüchtelte sie.

Eva merkte überhaupt nicht, dass ihre beste Freundin das große Glück nicht so ganz teilte, und immer einsilbiger reagierte, wenn sie mal wieder von Herby hier, Herby dort schwärmte. Nicht, dass Christine Eva ihre Verliebtheit missgönnte, aber sie fühlte sich total vernachlässigt. Und überhaupt: sie wollte jetzt endlich auch einen Mann!

Das Fass lief endgültig über, als Eva Christine zum dritten Mal versetzte, weil Herby mal wieder etwas "Supertolles und Aufregendes" geplant hatte.

"In Zukunft kannst du dich nur noch mit Deinem Herby verabreden. Ich stehe jedenfalls nicht mehr zur Verfügung, wenn dir irgendwann wieder mal langweilig ist. Es gibt nämlich auch Leute, die ganz scharf drauf sind, mit mir wegzugehen", giftete Christine.

"Spinnst du, was in denn plötzlich mit dir los? Du klingst ja wie ein eifersüchtiger Liebhaber."

"Eifersüchtig? Ist ja lächerlich. Du und dein Schnurzelpurzel, ihr geht mir einfach auf die Nerven. Und zwar tierisch. Seit der Typ auf der Matte steht, bin ich doch total abgeschrieben. Auf so was kann ich echt verzichten."

"Tickst du nicht richtig? Außerdem haben wir dich doch oft mitgenommen."

"Ach, wie gönnerhaft! Ist ja entzückend: Damit's der Kleinen zu Hause nicht langweilig wird, nehmen wir sie mal mit. Die Mitleidsnummer kannst du dir schenken!"

"Pass' mal auf, das ist mir jetzt echt zu blöd. Die typische Weibernummer eben. Herby ist der Mann, den ich liebe. Und wenn du das nicht akzeptierst, dann tut's mir leid."

Den letzten Satz hatte Christine gar nicht mehr mitgekriegt. Ihr Handy war längst ausgeschaltet. Denn sie fühlte sich absolut ungerecht behandelt und war richtig geschockt von Evas kalter Abfuhr. Nie wieder würde sie sie anrufen. Nie wieder! Großes Indianer-Ehrenwort!

Eva war fassungslos über dieses Gespräch. Für so egoistisch hatte sie ihre bis dahin beste Freundin nicht gehalten. Das war doch einfach zu kindisch! "Also ich melde mich so schnell nicht wieder bei ihr. Die soll sich jetzt gefälligst erst mal beruhigen", dachte sich Eva und widmete sich wieder intensiv ihrem Herby.

Nur ein paar Wochen später klingelte es spätabends bei Christine. Vorsichtig schlich sie barfuß zur Tür und lugte durch den Spion. Sie versuchte es jedenfalls, denn bettfertig hatte sie bereits Brille und Kontaktlinsen beiseite gelegt. Doch die schemenhafte Gestalt im Flur kam ihr irgendwie bekannt vor. Dann ging das Licht im Treppenhaus aus und sie sah gar nichts mehr. Mit zarter Stimme fragte sie: "Wer ist denn da?" Doch sie hörte nur ein leises Schluchzen. Dann in weinerlichem Ton: "Tini, ich bin's, Eva."

"Eva? Wieso?", fragte Christine und öffnete gleichzeitig die Tür.

"Er ist weg, Herby ist weg", fiel Eva ihrer Freundin heulend um den Hals und trat ihr dabei mit ihren 41-er Cowboystiefeln vor lauter Liebeskummer auf den Fuß. Schmerzgebeutelt wimmerte Christine: "Oh ja, das tut weh!" und zog dabei langsam ihren Fuß unter Evas Sohle hervor. Hakte sie unter und humpelte mit ihr ins Wohnzimmer.

"Was ist denn eigentlich los?"

"Er hat mich verlassen. Dabei wollte ich doch Kinder und so...", schluchzte Eva. "So einen finde ich nie wieder!"

"So ein Schwein! Wahrscheinlich hat er eine andere. Ich habe gleich ein ungutes Gefühl gehabt. So ein kleiner Mann und so 'ne große Frau – das kann nicht gutgehen. Und dann auch noch Künstler. Wahrscheinlich nimmt er sogar Drogen!"

"Aber es ist doch alles ganz anders", schniefte Eva und heulte erneut laut los. "Er ist wieder nach Japan geflogen. Vielleicht für immer. Die haben ihm so ein tolles Angebot gemacht."

"Und warum gehst du nicht mit ihm?"

"Er hat mich nicht gefragt", jammerte Eva und erzählte Christine unter Tränen die ganze traurige Geschichte: "Herby musste es schon seit Wochen gewusst haben, hat sich aber nichts zu sagen getraut. Und dann vor einer Woche, wir waren gerade beim Abendessen, meinte er plötzlich 'du ich muss dir was sagen...' Schon da blieb mir fast das Herz stehen. Ich dachte, jetzt ist es aus, er hat eine andere und will mich nicht mehr! Und 'ne Frau wäre wahrscheinlich sogar das kleinere Übel gewesen. Aber es war der Zwei-Jahres-Vertrag von den Japanern. Und ein Wink mit der ganz großen Karriere. Das ist alles so schrecklich! Jetzt sitzt er schon im Flieger, ich habe ihn gerade zum Flughafen gebracht", musste Eva wieder losheulen und schniefte ins mittlerweile zehnte Tempo.

Eva tat Christine richtig leid und mütterlich wie sie nun einmal war, nahm sie das heulende Elend in den Arm, um zu trösten: "Nach zwei Jahren kommt er doch wieder!"

"Nein! Ich weiß genau, dass er nicht wiederkommt. Bis dahin hat er sich schon längst so 'ne kleine Japanerin gekrallt."

"Ist doch Quatsch. Der steht auf große Frauen. Das sieht man doch an dir. Und wenn er dich nicht zu schätzen weiß, ist er sowieso nicht der Richtige. Ich war immer der Meinung, dass er nicht so ganz zu dir passt."

"Doch! Er passt! Er passt verdammt gut. Du brauchst ihn jetzt gar nicht so schlecht zu machen. Bei so einem Vertrag konnte er eben nicht Nein sagen. Er ist doch Künstler."

"Ja, ja. Vielleicht hat er auch nur darauf gewartet, dass du von dir aus die Koffer für Japan packst. Herby wollte dich wahrscheinlich nur nicht überrumpeln und dir die Entscheidung überlassen. Er ist doch so verliebt in dich."

"Du brauchst ihn gar nicht in Schutz zu nehmen. Verliebt? Ist ein Mann verliebt, wenn er ans andere Ende der Welt zieht, nur um so weit wie möglich von mir weg zu sein?", brüllte Eva los und Christine holte die nächste Kleenex-Packung aus dem Bad.

Zusammen mit der Baldrian-Flasche. Anders konnte sie ihre Freundin heute Abend nicht bändigen.

Als Eva nach Stunden mit kaninchenroten Augen und dicker Schniefnase total ermattet zwischen Taschentuch-Bergen und Blumen-Sofakissen hing, gesellte sich zu Christines Mitleid für ihre Freundin allmählich noch ein anderes Gefühl und ein Hauch von Zufriedenheit legte sich über ihr Gesicht. Wie alles im Leben hatte schließlich auch das Abtauchen von Herby zwei Seiten: Die eine war Evas Liebeskummer, über den sie bestimmt irgendwann hinwegkommen würde; die andere war Christines Eifersucht, die mit dem heutigen Tag endgültig ein Ende hatte.

Lieber ein Ende mit Schrecken, als unsere Arzthelferin ohne ihre Lokalredakteurin.

10. Männer aus dem Kaffeesatz

Wenn Frauen mit ihrem Schicksal hadern – und im allgemeinen sind daran die Männer schuld – dann wollen sie meistens einen Blick in die Zukunft werfen, um zu hören, ob sie überhaupt noch etwas vom Leben zu erwarten haben. So auch Eva und Christine. Die eine vom Liebeskummer gebeutelt, die andere vom Liebeshunger getrieben, marschierten beide zu einer Wahrsagerin. Die Telefonnummer von "Madame Tissue" hatten sie aus dem Internetblog "Esotera", den Christine von einer Kollegin empfohlen bekommen hatte.

Jetzt standen sie vor der Hausnummer 13 und hatten ein mulmiges Gefühl im Bauch. Neugierig waren sie schon auf die Zukunft, aber was würde sie ihnen wohl bringen? Vielleicht nur schreckliche Dinge wie Krankheiten, Pickel und dicke Hüften, aber keine Männer zum Heiraten. Aber jetzt wollten die beiden auch nicht mehr kneifen; schließlich hatten sie einen Termin für 17 Uhr verabredet.

Madame Tissue war eine einzige Enttäuschung. So hatten sich Eva und Christine das Orakel wirklich nicht vorgestellt: bunte Kittelschürze, Hausschuhe mit Filzbesatz, krusselige Löckchen und Kugelbauch. In ihrem Mundwinkel dümpelte ein stinkender Zigarettenstummel vor sich hin. "Kartenlegen, Pendeln, Kaffeesatz lesen - was wollen Sie? Kostet alles gleich: 100 Euro pro Person", schnarrte die alte Frau und streckte gierig ihre Gichtgriffel aus, noch bevor die beiden Freundinnen die Wohnung überhaupt betreten hatten. Zwei grüne Scheine in der Hand, bat sie Eva und Christine ins geschmacklose Wohnzimmer mit Einbauwand.

"Äh, wir wollten..."

"Ruhe! Ich muss mich konzentrieren", schnauzte die Alte, schloss die Augen und mischte mit ihren kleinen Wurstfingern die Karten. Dabei brabbelte sie sich allerlei Unverständliches in den Damenbart. Etwas eingeschüchtert saßen die beiden mucksmäuschenstill vor Madame Tissue und guckten sich ratlos an. Doch für den Rückzug war es nun zu spät.

"Abheben, zweimal", schob die obskure Seherin den Kartenstapel vor Eva, die brav drei Häufchen machte. Mit schnellen Bewegungen blätterte die Oma das magische Kartenspiel auf die vergilbte Plastikdecke des Wohnzimmertisches. Wie in Trance lehnte sie sich dann gegen das gestickte Gobelin-Kissen mit Knickfalte und begann, langsam eine Karte nach der anderen aufzudecken. Dabei gab sie seltsame Laute von sich, die Eva ausgesprochen beunruhigten. Und dann plötzlich: "Das sieht nicht gut aus. Ich sehe da... oh, oh.." Die beiden Mädels auf dem Sofa zuckten und rückten zusammen. "Da sind große Schwierigkeiten. Weit weg. Ein blonder Mann wird ihnen viel Kummer bereiten. Aber er liebt sie. Er hat eine Reise angetreten, von der er nicht so schnell wiederkommen wird. Aber keine Angst, er stirbt nicht. Im Gegenteil: dieser Mann feiert Erfolge. Viel Geld, viel Geld. Aber ohne sie. Und das ist gut so, denn seine Glückssträhne reißt plötzlich ab. Er wird alles wieder verlieren. Und Sie nehmen Ihr Schicksal ganz alleine in die Hand..."

"Halt, das reicht. Ich will nichts mehr hören", unterbrach Eva die schrecklichen Hiobsbotschaften der unsympathischen Alten und wuselte schnell die Karten wild durcheinander.

"So geht das doch nicht, ich denke, sie wollen ihre Zukunft wissen. Man kann den Blick nicht einfach vor dem Schicksal verschließen. Das bringt Unglück und Verderben", versetzte die Kartenlegerin Eva und Christine noch mehr in Angst und Schrecken. "Jetzt zu dir, Kindchen, oder verträgst du auch nicht die Wahrheit?"

"Doch, doch. Ich möchte alles wissen. Schonungslos!", parierte Christine schnell, um dem Zorn der Alten zu entgehen. Madame Tissue begann abermals mit ihrem Ritual. Und als sie die erste Kartenreihe aufgelegt hatte, kam sogar ein kleines Lächeln über ihr verhärmtes Gesicht.

"Sie sind ein Glückskind. Ich sehe eine große Fernsehsendung und Sie stehen im Mittelpunkt. Viel Spaß, viel Freude. Ah, hier die Karte für Veränderung. Das kann Urlaub sein oder ein Umzug. Und da liegt ein Mann: sehr groß, sehr stark, blond. Es wird anstrengend mit ihm. Aber dafür wird er sie auf Händen tragen und Ihnen viel Kraft geben."

Christine wackelte aufgeregt auf dem Sofa herum und platzte dazwischen: "Wird er mich heiraten? Wie viele Kinder bekommen wir?"

"Das kann ich noch nicht sagen. Die Karten sprechen nur für zwei Jahre."

"Kenne ich ihn vielleicht schon oder wird er mir erst noch begegnen?", hakte Christine noch mal ungeduldig nach.

"Er ist noch unbekannt. Aber er wird auf Sie zukommen und dann werden sie wissen, dass er es ist", verriet das Orakel. Mehr nicht. Obwohl Christine noch ein paarmal nach dem Wo, Wann und Wie fragte. Doch bevor Christine Madame Tissue weiter nerven konnte, klingelte es. Die nächste Kundin stand mit gezückten hundert Euro in der Tür.

"Du, die muss gut sein. Da geben sich die Leute ja die Klinke in die Hand. Und dann diese tollen Voraussagen. Ich spüre förmlich, dass das alles wahr wird", begeisterte sich Christine.

"Tolle Voraussagen? Na danke! Diese Frau hat soeben meine Zukunft mit Herby zerredet. Aber wahrscheinlich ist sowieso alles Quatsch. Woher soll diese Ziege denn überhaupt wissen, was passieren wird. Die zählt abends ihre Hunderter und freut sich über unsere Dummheit."

"Vielleicht täuscht sie sich ja bei dir, aber was mich angeht, hat sie bestimmt Recht. Ich bin nur mal gespannt, wann sich ihre Prophezeiung erfüllt."

"Ich gönne es dir ja, aber für mich hoffe ich, dass die alte Tissue eine gemeine Scharlatanin ist. Hörst du mir eigentlich zu? Was guckst du denn die ganze Zeit in der Gegend rum?"

"Naja, ich will doch den großen Blonden nicht verpassen. Stell' dir vor, der kommt jetzt in diesem Moment um die Ecke. Wäre zu schön um wahr zu sein. Ein toller Tag. Und weißt du, was wir jetzt machen? Ich geb' uns ein Stück Schokosahne aus. Schließlich ist mir der Typ vom Schicksal fest versprochen. Der muss mich nehmen, egal ob ich moppelig bin oder nicht. Diäten, ade!", strahlte Christine übers ganze Gesicht und schob Eva durch die Drehtür vom Café "Schöne Aussichten".

Während Eva sich Cappuccino, Torte und ihrem Kummer widmete, spähte Christine neugierig in jeden Winkel des Lokals.

Da war er auch schon. Am Nachbartisch, der große blonde Mann aus den Karten. "Mensch, Eva. Da ist er. Er schaut genau zu mir her", stieß sie aufgeregt ihre Freundin an.
"Der schaut zu dir? Blödsinn, der studiert die Speisekarte", frustete diese mit vollem Mund zurück.
"Doch, eben hat er geguckt. Ich bin doch nicht blöd. Siehst du, jetzt wieder. Wie spannend. Wenn er noch einmal guckt, lächele ich ihn auf jeden Fall an. Sexy oder eher mädchenhaft, was findest du besser? Ich darf jetzt nichts falsch machen. Unter keinen Umständen! Oh Gott, was mach' ich bloß, wenn er an unseren Tisch kommt?"
Und tatsächlich, Christine hatte recht: Der Mann stand just in diesem Moment mit einem smarten Grinsen auf und kam auf sie zu. Herzrasen. Adrenalinschock, nahende Ohnmacht. Dann war auch schon alles wieder vorbei: Eine zierliche Brünette im Businesskostüm warf sich überschwänglich dem Mann an die Brust, den Madame Tissue doch eigentlich Christine in die Karten gemischt hatte. Das Schicksal kann schon ganz schön grausam sein. Oder hatte das Medium die Karten vielleicht nur nicht richtig gemischt?

11. Luggi Lutscher

Christine hatte den frustrierenden Zwischenfall im Café "Schöne Aussichten" relativ schnell überwunden und glaubte weiterhin uneingeschränkt an die seherischen Fähigkeiten der Madame Tissue. Der große Blonde würde schon noch kommen. Wo sie auch war, spähte Christine deshalb mit Argusaugen nach dem Mann, den ihr das Schicksal fest zugesagt hatte. Es wimmelte geradezu überall vor blonden Hünen. Und sehr viele davon kamen für sie in Frage: Der hilfsbereite Supermarkt-Angestellte hinter der Käsetheke, der freundliche Busfahrer von Linie 14, der die Arzthelferin täglich zur Arbeit kutschierte, der neue Kellner aus dem "Gusto", der Christine immer so nett anlächelte und mindestens ein Privat- und zwei Kassenpatienten mit Harnwegsinfekt aus dem Wartezimmer. Wenn Christine nicht genau gewusst hätte, dass Dr. Weber sehr glücklich verheiratet ist, hätte sie unter seinem schütteren Haarkranz sicher auch noch eine blonde Locke entdeckt!

Eva dagegen hakte ihren kurzen, aber desillusionierenden Ausflug ins Übersinnliche unter der Rubrik "Griff ins Klo" ab und wollte das Orakel so schnell wie möglich vergessen. Aber Herby fehlte ihr schon sehr; auch wenn er fast jeden zweiten Abend anrief und Eva euphorisch von seinen zeichnerischen Erfolgen in Japan berichtete. Die Ablenkungsmanöver, die sich über Jahre hinweg bewährt hatten – Kartoffelchips, Gummibärchen und Fingernägel-Knabbern – schlugen jetzt plötzlich fehl im Kampf gegen die zweite Decke und das zweite Kopfkissen im Bett: Eva fühlte sich leer und einsam ohne Herby.

Besorgt registrierte Christine den traurigen Gemütszustand ihrer Freundin und zermarterte sich das Hirn, wie sie Eva aus dem Dilemma heraushelfen könnte. Beim morgendlichen Katheter legen in der Praxis kam ihr schließlich die zündende Idee: "Sport. Wir treiben Sport. Das lenkt ab, hält fit und macht 'ne tolle Figur."

Christine war richtig stolz auf ihren Einfall und rief postwendend bei Eva in der Redaktion an. Ohne die Antwort ihrer Freundin abzuwarten, beschloss sie kurzerhand durchs Telefon:

"Ich melde uns heute Nachmittag im Fitness-Studio an. Und am Abend nehmen wir gleich die erste Trainingsstunde!"

Gesagt, getan: um 19 Uhr standen die beiden Frauen gestiefelt und gespornt vor der Folterwerkstatt "Muscle Factory". Christine im schwarzen Catsuit, dazu Frottee-Stirnband, Turnschuhe und Legwarmers. Eva etwas dezenter und geschmackvoller mit grauer Jogginghose, weißem Longshirt und Gymnastikschuhen.

"Ihr beiden müsst Eva und Christine sein, ich habe euch schon erwartet. Ich heiße Katy und bin die Leiterin der Aerobic-Gruppe Anfänger und Fortgeschrittene. Am besten ist, ich zeige euch erst mal das Studio", schlug die stählerne Lady im kanariengelben Profi-Anzug vor und führte unsere beiden Damen zu den Übungsräumen. Christine fiel sofort auf, dass sie ziemliche Muckis hatte und der Po geradezu vor Knackigkeit strotzte. Aber sie ignorierte den Anstoß weiblichen Neidgefühls und konzentrierte sich ganz auf die lehrreichen Ausführungen von Katy, die ihnen vom Warmup übers Body-Styling bis zum Relax-Stretching und Power Plate alle Geräte zur Ertüchtigung erklärte. Eva und Christine verstanden zwar nur die Hälfte des Fitness-Chinesisch, doch sie machten brav und folgsam ihre jeweils 15 Übungen an den Folterinstrumenten.

"Puh, ich kann nicht mehr. Ich breche gleich zusammen", stöhnte Eva am Butterfly und verdrehte erschöpft die Augen.

"Willst du etwa, dass dein Busen bald in den Kniekehlen hängt? Los, mach' weiter. Was die anderen Weiber können, schaffen wir schon lange", heizte Christine ihre schlappe Freundin an und zeigte auf die Damenriege vis-à-vis, die sich schnaubend und hustend über tonnenschwere Hanteln hermachte und für die Neulinge nur ein müdes Lächeln übrig hatte. Eine von diesen Schweiß-Perlen stach beiden sofort ins Auge. Eva dachte: "Um Gottes Willen, so will ich nie aussehen. Schrecklich." Und Christine überlegte, wie lange es wohl dauern würde, bis auch sie sich solche Muskelberge antrainiert haben könnte. Die Stammkundin der "Muscle Factory" war wirklich eine imposante Erscheinung, die wohl jeden Geschmacksnerv irgendwie in Wallung brachte: Weißblonder Strähnchen-Pferdeschwanz, tiefbraune

Haut, grüne Katzenaugen, knallroter Lippenstift. Dazu passend: die krallige Finger-Garnitur aus dem Nagelstudio mit diagonal aufgesetzten Brillis als Clou. Ihr sehniger Panther-Body räkelte sich kraftvoll in einem rosaroten Spielanzug mit Tanga-Line vor der Spiegelwand. Der Name des Markenzeichens quer über dem Busen war Programm: "Blow up". Yeah!

Vollkommen aus der Puste und klatschnass geschwitzt, robbten sich Eva und Christine nach einer Stunde und vollbrachtem Trainingsprogramm an die Saft-Bar und zischten einen Energie-Mineral-Drink.

"Na, wie hat es euch denn gefallen?", fragte Katy und schob den Mitgliedsvertrag voller Elan über den Tresen. Dabei ließ sie wieder die Gesamtheit ihrer Bi-, Tri- und sonstiger Zepse spielen. Als Verkaufsargument sozusagen. Beeindruckt und voller Hochachtung beobachteten die noch sehr schmächtigen Safttrinker den vor lauter Kraft zuckenden Leib.

"Machst du schon lange Fitness?", erkundigte sich Christine und stierte auf die dicken Waden von Katy.

"Seit mittlerweile drei Jahren. Aber den Body hatte ich schon nach sechs Monaten", antwortete Katy und lugte stolz an sich herunter.

Eva schaltete sich ein: "Also Muskeln und so was brauche ich nicht. Ich möchte nur, dass alles, was schon hängt, wieder 'nen Drive nach oben kriegt. Po, Busen etcetera. Außerdem müssen die Cellulite-Beulen weg. Wie lange?"

"Mit der richtigen Ernährung und ein paar Trainerstunden bei mir bist du in ein paar Monaten echt toll in Schuss", coolte eine heisere Stimme dazwischen. "Hi, ich bin der Luggi, mir gehört der Laden hier. Super, eh?!"

"Jaa, ganz toll. Wir kommen jetzt öfter", himmelte Christine den Mister Anabolika an, der schmatzend an einem kirschroten Lolli lutschte.

Luggi war 1,90 Meter groß und verdammt blond. So blond, dass es gar nicht anders sein konnte – er musste der Mann aus Madame Tissues Karten sein. Eva befürchtete das auch. Denn Christine hatte wieder dieses ganz bestimmte Blitzen in den Augen.

"Wenn ihr wollt, geb' ich euch Privatstunden. Wäre doch super, eh, oder?", offerierte der Kleiderschrank seine Dienste und blinzelte Christine zu, während er Eva mit der Rechten derart kumpelhaft auf die Schultern klopfte, dass ihre Lungenflügel vibrierten. Christine war hin und weg und konnte ihren Blick nicht von seinen prallen Schenkeln, den Beton-Pobacken und den riesigen Klodeckelhänden lassen. Sollte diese makellose Michelangelo-Gestalt der Neuzeit tatsächlich ihr Mann fürs Leben sein? Sie war auf jeden Fall bereit!

"Komm' Eva, lass uns gleich den Vertrag unterschreiben. Ist doch echt toll hier", drängelte Christine und setzte kurzentschlossen ihren Namen unter den Jahresvertrag. Eva schloss sich an. Sie wollte kein Spielverderber sein, außerdem nicht schlabberig und fett werden.

"Echt super, eh. Jetzt gibt's für euch jeden Tag Muscles aus der Factory, höäh, höäh", dröhnte Luggi und biss kraftvoll auf den kleinen Lolli-Rest, um ihn sodann samt Stiel zwischen seinen kantigen Kiefern zu zermalmen. Was für ein Ausbund an kraftstrotzender Männlichkeit! Yeah!

Um Christine war es wieder einmal geschehen. Sie hätte noch stundenlang auf ihrem Barhocker an der Saft-Bar ausharren und Luggi bei seinen Rundgängen durchs Studio beobachten können. Aber Eva drängte zum Aufbruch. Sie fühlte nämlich schon einen leichten Muskelkater in den Pobacken heraufziehen. "Komm', wir gehen. Für heute ist's genug. Du kannst ja morgen wiederkommen."

Mit einem lässigen "Servus und Tschau" verabschiedete Luggi seine beiden Neuerrungenschaften mit Küsschen rechts, Küsschen links und schleuderte Christine noch einen verheißungsvollen Blick zu.

Am nächsten Tag pilgerte Christine ungeachtet ihrer übersäuerten Muskeln gleich wieder in die Fitness-Oase; während Eva ihrem malträtierten Körper lieber ein heißes Entspannungsbad gönnte.

Christines schmerzverachtender Auftritt hatte Erfolg. Luggi lobte anerkennend ihren sportlichen Eifer und unterstützte sie tatkräftig und handgreiflich beim Body-Toning und Definieren der Muskeln – genau an den richtigen Stellen. "Richtig Erfolg bringt das Ganze natürlich nur in Kombination mit der richtigen Ernährung. Wenn du magst, kann ich Dir ja nachher bei mir Zuhause noch einen Power-Cocktail mixen."

"Warum eigentlich nicht. Ich gehe nur noch schnell unter die Dusche", brach Christine abrupt ihre sportlichen Höchstleistungen ab und entschwand funkelnden Blickes in der Nasszelle. Ihre Löwenmähne war noch nicht ganz trocken geföhnt, als Luggi ungeduldig im Türrahmen stand und nervös mit seinem Schlüsselbund klapperte. Christine legte sofort den Heißlüfter zur Seite und folgte ihrem Lolli-Mann in die Tiefgarage, wo er seinen großen SUV mit violett-metallic-Lackierung geparkt hatte. "Geile Karre, oder? Ganz neu. Hat nur 40 000 Mäuse gekostet. Ich hab' da so 'nen Kumpel. Also wenn du mal ein Auto brauchst, musste mir nur Bescheid sagen."

Mit großkotziger Geste und quietschenden Reifen bretterte Luggi los. Christine krallte sich angesichts seines Fahrstils in die Polster und starrte mit weit aufgerissenen Augen konzentriert auf die Straße. Die kurze Strecke bis zu seiner Wohnung gestaltete Luggi wie ein Formel1-Rennen in Monte Carlo: Kickstarts an jeder Ampel, Schalten bei jaulendem Getriebe, Zickzack-Spurwechsel, und viele, viele Flüche für alle anderen Verkehrsteilnehmer, die natürlich allesamt nicht auf die Straße gehörten. "Ich fahr' dir doch nicht zu schnell, Püppi?", grinste Luggi und schob seinen Lolli von einer Backe in die andere. "Du weißt doch: Wer zu spät kommt, kriegt eins drüber. Höäh, höäh."

Christine hätte niemals zugegeben, dass Luggi ihrem Geschmack nach viel zu rasant unterwegs war. Sie vertraute stattdessen einfach darauf, dass Männer ein angeborenes Talent zum Autofahren haben. Und es ging ja auch gerade nochmal gut. Auf einem verlassenen Fabrikgelände am Rande der Stadt kam der Rennfahrer mit seinem schnittigen Gefährt schließlich in einer Staubwolke zum Stehen. Christine war es jetzt doch etwas mulmig: "Ich denke, wir wollten zu dir fahren?"

"Wir stehen doch direkt vor meiner Bude", sagte Luggi und deutete stolz mit seiner Pranke auf ein doppelstöckiges Wohnmobil mit Surfbrett auf dem Dach. "Super, eh? Wenn ich mal umziehe, muss ich mir nur 'nen neuen Parkplatz suchen. Höäh, höäh."

"Das ist ja echt mal was anderes. Sehr originell", meinte Christine ehrlich beeindruckt und konnte es kaum erwarten, auch das Innere des Caravans zu sehen. Und zu sehen gab es einiges. Während Luggi sich tatsächlich am Mixer zu schaffen machte – er wollte schließlich sein Kraftpotential voll auftanken – ließ Christine ihre Kulleraugen durch den Raum schweifen. Sie stoppten unwillkürlich am großen Wasserbett mit Tiger-Tagesdecke, integrierter Sound-Anlage, Hausbar und einem geheimnisvollen Schaltpult mit vielen roten Knöpfen. Die Decke über der plüschigen Lustwiese aus hundert Prozent Polyester war voll verspiegelt und von der Tapete mit Barockmuster lächelten die Playmates der letzten Jahre um die Wette. Einfach grauenhaft geschmacklos!

"Viel kopiert, nie erreicht", kredenzte Luggi seinen Powerdrink und sah Christine dabei tief in die Augen, setzte das Glas an und kippte es ex hinunter. Irgendwas musste in Luggis Geheimrezept gewesen sein, denn auf einmal sah er Christine mit einem irgendwie tierischen Gesichtsausdruck an. Ungefähr so wie Popeye, wenn er sich gerade über eine Dose Spinat hergemacht hat. Ohne weitere Vorwarnung stürzte Luggi sich jetzt auf Christine, die steif auf der Bettkante sitzend mit spitzen Lippen an ihrem Saft nippte. Ehe sie sich versah, hatte der brünstige Kraftprotz sie schon in die Horizontale katapultiert, und Minuten später waren ihre Klamotten bereits im ganzen Wohnmobil verstreut.

Diesen Moment hatte Christine sich herbeigesehnt, seit sie Luggi und seinen Gladiatoren-Body das erste Mal im Studio gesehen hatte. Und es war fast so, wie sie sich diesen leidenschaftlichen Augenblick vorgestellt hatte. Fast so. Denn Luggis stattliche zwei Zentner Lebendgewicht über sich hatte Christine in ihren Träumen nicht berücksichtigt. Einfach atemberaubend! Luggi legte sich mächtig ins Zeug, fuhr alles aus, was er zu bieten hatte. Auch die Rüttelautomatik vom Wasserbett, Schaltstufe zehn, setzte er mit oft geübten Side-stepp per großer Zehe in Gang. Wie in der Achterbahn kegelte Christine auf der aalglatten Satin-bettwäsche von einer Ecke in die andere. Unter der Wucht von Luggis muskulösem Ansturm donnerte ihr Hinterkopf dumpf gegen das zum Glück dick gepolsterte Kopfteil. Immer wieder. Luggi konnte darauf keine Rücksicht nehmen. Unerbittlich rammelte er grunzend seinem Höhepunkt entgegen. Was für ein Mann! Dachte sich auch Christine, als sie nach Luft ringend kurz die Augen aufschlug und den bebenden Leib ihres Lovers im Deckenspiegel sah. Doch für eingehendere Beobachtungen war nicht die Zeit, denn Luggi lief jetzt lautstark zur Höchstform auf. Und dann ging alles ganz schnell: er bäumte sich kurz auf, stieß einen Urschrei aus, sackte Sekunden später völlig ermattet in sich zusammen und rollte sich vom Objekt seiner Begierde. Das war's. Fürs Erste!

Nachdem sich unser heißblütiger Stier wieder berappelt hatte, schaltete er erst mal die Rüttelautomatik aus und sagte beiläufig zur sprach- und kraftlosen Christine: "Ich war gut, ne?" Eine Antwort erwartete der selbstbewusste Stecher, der zum "Lolli danach" griff, zum Glück nicht! Denn so aufregend fand Christine seine männlichen Zuckungen nun auch wieder nicht. Ihr hatten sie jedenfalls so gut wie nichts gebracht. Und den Egoismus, mit dem Luggi zu Werke gegangen war, erklärte sie sich lieber damit, dass er sich wohl vor lauter Körber'schem Sex-Appeal nicht hatte zurückhalten können. Also beschloss sie, Luggi noch eine zweite Chance zu geben. Dass diese allerdings schon im selben Moment auf sie zurollen würde, damit hatte Christine nichtgerechnet. Auf ein Neues! Hallali!

Luggi blieb sich auch dieses Mal absolut treu und hielt sich nicht lange mit überflüssigem Beiwerk auf. Einzige Variation zur Premiere: die Rüttelautomatik blieb diesmal aus! Aber sonst wie gehabt: Zwei Zentner auf Christine, ihr Kopf gegen die Plüschwand, Stöhnen, Zucken, Jubelschrei und Ende!

Die Sexmaschine arbeitete nonstop und gönnte sich nur klitzekleine Pausen. Es wurde eine verdammt lange Nacht, eine Nacht der Lust und Libido auf der einen Seite, voller Langeweile und Leidenschaftsverlust auf der anderen. Während Christine es ohne Murren über sich ergehen ließ – schließlich wollte sie trotz allem nicht als frigide Zicke dastehen – fragte sie sich insgeheim,

ob Luggi nicht schon seit Jahren vielleicht auch ein Schwellkörpertrainingsgerät mit ins Fitnessprogramm aufgenommen hatte.
Christine hatte schon längst aufgehört mitzuzählen, als Luggi schließlich von ihr abließ und laut schnarchend einschlief. Dabei breitete er seine Muskelmasse quer übers Bett aus, ließ Christine kaum Platz und zog ihr auch noch den letzten Deckenzipfel weg. Aber sie war jetzt so erschöpft, dass ihr das auch schon egal war. Bevor ihr die Augen zufielen, dachte sie noch kurz an Madame Tissues Verheißung vom großen Blonden, der sie auf Händen tragen würde. Und wer anders konnte das sein als Luggi, der ungestüme Liebhaber mit dem kirschroten Lutscher?

12. Der Schlappschwanz

"Eva, rate mal, was ich gestern gemacht habe", rief Christine ihre Freundin gleich am nächsten Tag in der Mittagspause an. Länger konnte sie einfach nicht warten, um ihr die Neuigkeiten mitzuteilen.

"Wieso? Ich denke, du warst beim Sport", stellte Eva eher beiläufig fest und hackte weiter in ihren Computer.

"War ich ja auch. Aber danach. Na gut, wenn du es unbedingt wissen willst, erzähle ich es dir. Du weißt ja, dass Luggi mir gleich von Anfang an so gut gefallen hat. Und gestern – da ist es eben passiert."

"Ehrlich. Wie hast du das denn gemacht? Los erzähl'!"

"Naja, schon im Studio hat's irgendwie gefunkt. Wie der mir da von hinten diese Armmaschine erklärte. Und dann diese Blicke von ihm. Du weißt schon. Wie Männer eben so schauen, wenn sie was von dir wollen. Es war auf einmal, als wären wir beide ganz allein im Studio. Und dann bin ich eben mit ihm nach Hause gefahren."

"Ja und? Jetzt will ich es aber genau wissen. Du musst mir jede Einzelheit erzählen."

"Zuerst sind wir mit Luggis tollem Auto, so ein Großwildjagd-Jeep, durch die Stadt getigert. Der Luggi ist nämlich ein irre guter Fahrer. Der könnte glatt Rallyes mitmachen. Und dann sind wir zu seiner Wohnung gefahren. Eigentlich ist es gar keine richtige Wohnung. Weil der Luggi mag keine Großstadt-Bunker. Deswegen hat er sich auch dieses Wohnmobil gekauft."

"Wohnt der etwa auf dem Campingplatz?"

"Natürlich nicht. Das wäre ihm zu primitiv. Nein, nein, sein Caravan ist was ganz Besonderes mit allem Pipapo. Vom Feinsten! Ist ja auch egal. Dann ging jedenfalls alles sehr schnell. Es war der reine Wahnsinn. So einen Mann kann sich nur jede Frau wünschen. Einfach Klasse! So was von leidenschaftlich und potent, sag' ich dir. Ich kann mich kaum noch bewegen, es ging die ganze Nacht. So hab' ich noch nie einen Mann auf Touren gebracht, ich bin wahrscheinlich einfach ein Naturtalent auf diesem Gebiet. Gelernt ist eben gelernt. Luggi hat sogar gemeint, ich könne ihn auf dem Bett festschweißen, er würde sich glatt losrosten. Angesichts meiner hyper-lasziven Ausstrahlung, versteht sich. Und jetzt bin ich total verliebt, glaube ich", schloss Christine die intensiven Schilderungen über ihr Liebesleben ab, seufzte einmal und stierte mit verklärtem Blick die Wand an.

"Und er? Meinst du, es hat ihn auch erwischt?"

"Na klar. Er hat mir sogar Kaffee ans Bett gebracht. Ich bin doch keine Frau für eine Nacht. Und Luggi denkt genauso."

"Wenn das so ist, freue ich mich ja für dich. Dann wirst du wohl in Zukunft nur noch die Hanteln schwingen. Sehen wir uns denn nachher im Studio?"

"Klar. Ich muss unbedingt Beintraining machen. Hat Luggi auch gesagt. Also dann bis später, tschüüss!"

"Typisch Christine", dachte Eva schmunzelnd. "Kaum interessiert sich einer für sie, ist sie auch schon verliebt. Gestern noch das Phlegma in Person und heute auf dem Weg zur Bodybuilding-Meisterschaft. Bin ja mal gespannt. Dieser Typ machte mir nicht gerade den Eindruck, als sei er der geborene Beziehungsmensch. Aber vielleicht täusche ich mich ja auch und Madame Tissue hat doch Recht gehabt."

Christine lebte nur noch zwischen Urologen-Praxis, Fitness-Oase und Wohnwagen. Und dabei wurde sie zusehends dünner und blasser. Nicht nur, dass Luggis Manneskraft sie Nacht für Nacht zumindest wach hielt, sie verzichtete ab sofort auch auf Pommes und Burger, ja ernährte sich nur noch von mageren Minutensteaks, Salat und Protein-Kraftfutter aus der Dose. Und zwischendurch gab es immer einen dieser kirschroten Lollis ohne Zucker. Christine schnitt ihr ganzes Leben vollkommen auf Luggi zu. Doch der sah die Sache weitaus lockerer und flirtete ständig mit den aufgestylten Hausfrauen im Studio, traf sich jeden Samstag mit seinen Kumpels zum Fußballspielen. War Christine bei ihm, interessierte er sich nur fürs "Wesentliche": Wrestling, Boxen, Autorennen auf Sky – und nach Sendeschluss sein übliches Fitness-Programm mit der Wiederholung von gestern und der Rüttel-Automatik. Nette Gespräche, Gedanken an die Zukunft, zärtliche Verführung mit dem Höhepunkt zu zweit waren einfach nicht sein Ding.

Diese doch recht einseitigen Interessen machten Christine nicht nur körperlich zu schaffen. Und ihre Versuche, diese im wahrsten Sinne sehr unbefriedigende Situation zu ändern, scheiterten kläglich: "Du Luggi, das darfst du jetzt nicht falsch verstehen, aber weißt du, wenn wir so zusammen sind, geht das immer irgendwie ein bisschen schnell. Wahrscheinlich liegt es an mir. Vielleicht könntest du mir ein bisschen mehr Zeit geben?", druckste Christine herum, spielte nervös mit ihren Fingern und kuschelte sich schnell an Luggis Heidenbrust. Vor lauter Angst, er könnte ihr die Kritik an seinen Liebeskünsten übelnehmen.

"Was willst du eigentlich, Püppi. In der Kürze liegt die Würze. Bis jetzt war noch jede zufrieden. Wenn du ehrlich bist, ist es dir einfach zu viel. Aber Männer wie ich können es sich eben nicht aus den Rippen schwitzen. Ich bestehe eben nur aus Muskeln und Samensträngen, höäh, höäh! Und jetzt rutsch' rüber, Püppi. Ich merk' schon wieder, das Gute bricht sich Bahn", grunzte Luggi vielversprechend und robbte sich auf Christine, die eigentlich noch was sagen wollte, sich aber dann dachte: "Die paar Minuten kann ich jetzt auch noch warten." Das Warten dauerte genau eine Minute dreißig. "Du, Püppi, heute war ich noch besser als sonst. Weißt du, diese Gespräche über Sex machen mich, glaube ich, erst so richtig scharf. Ja, du weißt eben, wie man einem Mann so richtig einheizt", strahlte der Matratzenreiter, der so gar nichts von dem kapiert hatte, was Christine eigentlich sagen wollte, und gab ihr einen zärtlichen Klaps auf den Po. Sein Handabdruck war noch Stunden später zu sehen, als die beiden gerade dabei waren, den Nummern-Rekord des Vortages zu durchbrechen. Und weil es Luggi so gut gefiel, musste ihn Christine jetzt immer anflehen: "Bitte, mach' langsam", damit er so richtig auf Touren kam. Christine hätte sich allzu gerne mal eine Pause gegönnt. Und die bekam sie auch prompt beschert. Das kam so: Eines Abends – Luggi und Christine hatten gerade eine riesige Vegetarier-Pizza vor dem Bildschirm vertilgt – war es wieder soweit, und Luggi stürzte sich frohgemut und frisch gestärkt auf das neben ihm sitzende "Dessert". Er ahnte nicht im Entferntesten, welche Heimsuchung im widerfahren sollte. Es waren wie immer so zirka drei bis vier Minuten vergangen, als der liebestolle Stier zur Großoffensive ansetzen wollte – und nichts tat sich. Das Gute war weder zu sehen, noch brach es sich Bahn. Im Gegenteil, es verharrte im unschuldigen Dornröschenschlaf. Oh, diese Schmach. Und das Luggi. Auch Christines handgreifliche Unterstützung beendete den komatösen Zustand nicht. Luggi war am Boden zerstört: "So was ist mir noch nie passiert", konstatierte der geschrumpfte Held kleinlaut. "Wahrscheinlich habe ich zu viel trainiert. Da hätten andere schon längst schlapp gemacht. Oder vielleicht krieg' ich auch 'ne Grippe. Ich habe schon ganz geschwollene Drüsen. Am Hals."

"Ach Luggi, ist doch nicht so schlimm. Wird schon wieder. Hauptsache wir haben uns lieb", versuchte Christine den zerknirschten Liebhaber zu beruhigen.

"Blödsinn. Das ist eine Katastrophe und du quatscht von Liebe. Das ist doch was ganz anderes. Hier geht's ums Eingemachte. Wenn sich das rumspricht..."

"Rumspricht? Ich sag's niemand. Außer meinem Chef. Der hat schon Typen kuriert, bei denen war seit Jahren Funkstille."

"Bis du bescheuert? Das kommt überhaupt nicht in Frage", schnauzte Luggi und grübelte über die mögliche Ursache für sein Versagen nach. Wie ein angeschossener Tiger ging er im Wohnwagen auf und ab. Bis ihm der zündende Gedanke kam: "Wieso eigentlich ich? Vielleicht liegt es ja auch an dir", schleuderte er Christine entgegen und schaute plötzlich wieder ganz selbstsicher und zufrieden.

"Was habe ich denn jetzt schon wieder falsch gemacht?", fragte Christine vollkommen fassungslos. "Was meinst du eigentlich?"

"Naja, jeden Abend das gleiche Spiel. Du gönnst einem Mann ja auch überhaupt keine Pause. Ich bin doch schließlich nicht dein Zuchtbulle. Etwas Rücksichtnahme kann ich ja wohl erwarten!"

"Das musst du gerade sagen. Wer ist denn jeden Tag über mich hergefallen, dass ich kaum noch Luft holen konnte? Eva hat auch gesagt, das ist nicht mehr normal. Ich sehe schon total ausgemergelt aus."

"Hör' bloß mit dieser blöden Emanzen-Tante auf. An die geht doch sowieso keiner ran."

"Von wegen. Die hat einen ganz tollen Freund. Der ist zärtlich und einfühlsam. Der denkt nicht immer nur an sich. Und außer Muskeln und Samensträngen hat er auch noch was im Kopf. Eva hat mit ihm bestimmt mehr Spaß im Bett als ich mit dir. Aber das ist jetzt auch egal. Ich habe jedenfalls keine Lust mehr, entweder deine Sex-Puppe oder dein Sündenbock zu sein. Ich gehe jetzt. Wenn du wieder normal bist, kannst du mich ja anrufen", zischte Christine mit hochrotem Kopf, packte schnell ihre sieben Sachen zusammen und ließ den sprachlosen Luggi mit seinem kleinen Versager allein zurück.

Luggi rief nicht an und Christine war es völlig egal. Ihre rosarote Brille hatte sie im Wohnmobil gelassen. Ins Fitness-Studio ging sie natürlich auch nicht mehr. Darüber war Luggi auch ganz froh, denn der Gedanke an Christine erinnerte ihn jedes mal wieder an seinen peinlichen Hänger in der Satin-Bettwäsche. Er glaubte sogar, bei Eva, die zweimal wöchentlich zum Training erschien, so ein hämisches Grinsen entdeckt zu haben. Zu Recht. Denn natürlich wusste Eva Bescheid. So ausführlich Christine ihr die erste Nacht mit dem Muskelprotz geschildert hatte, so detailliert beschrieb sie auch die letzte mit dem Schlappschwanz.

Zu Christines Erstaunen wunderte sich Eva gar nicht, dass Luggi sich als dumpfbackiger Macho entpuppt hatte. Denn genau diesen Eindruck machte er auf sie von der ersten Sekunde an. Sie war nur etwas überrascht darüber, wie schnell es auch Christine gemerkt hatte.

Außerdem gab es für Eva weitaus Schlimmeres, als Luggis Potenz-Dilemma. Nämlich dass Herby Hauber offenbar immer weniger Interesse an ihr hatte: Er rief nur noch einmal pro Woche an und begründete es auch noch mit der Zeitverschiebung. Wenn er auflegte, sagte er gar nicht mehr "Ich vermisse dich so". Dafür schwärmte er unaufhörlich von der "tollen Crew" und wie "ungeheuer kreativ" sie alle seien. Und den Namen seiner amerikanischen Kollegin Tammy erwähnte er für Evas Geschmack auch etwas zu oft. Herby war nicht nur von seinem Job absolut begeistert, sondern auch immer mehr von Japan. Das Wort Rückkehr kam nicht mehr über seine Lippen. Was noch schlimmer war: Er hatte Eva kein einziges Mal gefragt, ob sie nicht vielleicht nachkommen wolle. Seine Briefe hatten inzwischen auch nur noch Postkartenlänge und waren gar nicht mehr mit niedlichen Zeichnungen dekoriert, die Eva doch so sehr mochte. Und dann kam noch die Sache mit ihrem Geburtstag. Den hatte Herby total vergessen. Als Eva ihn durch die Blume darauf aufmerksam machte, fand Herby das alles andere als schlimm: "Nimm doch den blöden Geburtstag nicht so wichtig. Ich hab' den Kopf zur Zeit mit ganz anderen Sachen voll." Keine Entschuldigung, nichts! Noch nicht mal ein Blumenstrauß, auf den Eva so gehofft hatte.

"Ich heule mir hier die Augen aus vor Sehnsucht. Und er, was macht er? Er hat Wichtigeres im Kopf als meinen Geburtstag! Wahrscheinlich zieht er ständig mit dieser hohlen Nuss Tammy um die Häuser und amüsiert sich prächtig. Als ich ihn neulich Nacht anrief, war er um drei Uhr immer noch nicht Zuhause. Hab' ich das nötig? Verarschen lass ich mich nicht. Auch nicht von Herby. Mir reicht´s. Endgültig! Was glaubt der eigentlich, wer er ist? Jetzt setze ich mich hin und schreibe ihm eine Abschieds-Mail", schimpfte Eva vor sich hin und lief in ihrer Wohnung auf und ab. Mit Tränen in den Augen und einem Glas Rotwein bewaffnet, setzte sie sich gleich an ihren Schreibtisch und erklärte Herby per Mail, wie enttäuscht sie von ihm war und dass es besser sei, wenn sie sich trennten.

Herby glaubte das anscheinend auch. Denn er meldete sich nur noch einmal kurz per Handy: "Schade, Eva! Aber wahrscheinlich hast du recht, eine Beziehung auf diese Entfernung kann einfach nicht gutgehen. Es war trotzdem sehr schön mit dir. Mach's gut, kleines Burgfräulein."
Das war ja wohl kräftig in die Hose gegangen! Denn eigentlich hatte Eva doch so sehr gehofft, dass Herby wenigstens ein bisschen um sie kämpfen würde. So wie in ihrem wunderschönen Traum, in dem er sie todesmutig mit seinem großen Montblanc-Füller befreit hatte.

13. Tapetenwechsel

Eva und Christine verbrachten die nächsten Tage damit, sich gegenseitig auszuheulen und sich das Hirn darüber zu zermartern, warum alle Männer fies und blöd sind. Diese zermürbenden Diskussionen und Selbstbemitleidungs-Arien liefen parallel mit exzessivem Prosecco-Konsum bis zum Umfallen, Schokoladen-Orgien in Vollmilch-Nuss und Tabak-Angriffen auf die Lunge. Erst nach über einer Woche berappelten sich die beiden wieder und entschieden einhellig: "Die Typen können uns mal. Wir können auch ohne!"

Und da Frauen statt ihrer Logik viel lieber ihrem sechsten Sinn vertrauen, erhoben sie diesen Satz in Nullkommanichts zur Parole. Zumindest für diesen Tag...

Getreu dem Motto "Selbst ist die Frau", beschlossen die zwei, ihr Leben von Grund auf zu renovieren. Evas Wohnung sollte der Anfang sein. Nicht zuletzt auch um Herbys Spuren ein für allemal zu beseitigen. An Evas freiem Samstag donnerten sie voller Tatendrang mit dem Daimler zum Baumarkt am Stadtrand. Christine schnappte sich den größten Einkaufswagen und kurvte wild entschlossen durch die Regale. Eva folgte ihr mit der langen Einkaufsliste.

"Haben Sie irgendwas um Löcher zuzuschmieren?", schnappte sich die Arzthelferin einen ahnungslosen Verkäufer.

"Was für Löcher? Außen- oder Innenfassade, Dübel- oder Schlaglöcher? Oder handelt es sich vielleicht um Mottenlöcher?", witzelte der Mann im grauen Kittel ohne zu ahnen, was noch auf ihn zukommen sollte. Christine und Eva belegten den Fachmann in Sachen Heimwerkerbedarf sofort mit Beschlag. Die nächste Stunde schleppten sie ihn von den Schrauben zu den Tapeten, von der Abdeckfolie zur Wandfarbe, vom Gips zum Schmirgelpapier; dann wieder zurück zu den Pinseln und Spachteln. Nach zirka drei Kilometern strammen Fußmarsches hatte es der junge Mann endlich geschafft: der Wagen der beiden Grazien war voll bis oben hin, alle Klarheiten in puncto Tapezieren, Renovieren, Isolieren beseitigt. Nun konnte sich die Frau an der Kasse mit dem Duo abreißen. "Können wir das zur Not auch alles wieder umtauschen?", nervte Christine die Angestellte, die schon längst Feierabend hatte. Diese Frage war der Kassiererin nun wirklich zu blöd. Kommentarlos schob sie den Großeinkauf übers Band und schnarrte: "Das macht 491 Euro 70."

"Ganz schön teuer, Männer loszuwerden", meinte beide und wuchteten die schweren Eimer und Werkzeuge in den Wagen. Vor Evas Wohnung angekommen, wurde Christine schon wieder schwach und sagte: "Sollen wir nicht einen deiner Nachbarn bitten, uns das schwere Zeug hochzutragen?"

"Kommt überhaupt nicht in Frage. Wir machen in Zukunft alles alleine. Wir brauchen keine Männer'", entgegnete Eva resolut und zerrte eine großen Farbeimer aus dem Kofferraum. Christine fischte sich die Tüte mit den Pinseln von der Rückbank und trottete damit in den dritten Stock, wo sie sich erst mal daran machte, Kaffee zu kochen und belegte Brote zu schmieren. Eva schleppte die Renovierungsutensilien ganz allein die Treppen hoch und war vollkommen erledigt, als sie nach einer halben Stunde endlich alles oben hatte.

"Huch, du bist ja ganz verschwitzt. Trink' erst mal eine Tasse Kaffee und setz' dich hin."

"Danke, dass ich mich ausruhen darf! Wenn du auch was getragen hättest, wäre ich nicht so groggy", zickte Eva herum.

"Ich war schon nach dem blöden Heimwerkermarkt total fertig. Ich glaube, ich muss mich ein bisschen aufs Ohr hauen. Weckst du mich dann in zwei bis drei Stündchen?"

"Du hast wohl was am Sträußchen. Jetzt wird was geschafft, Prinzessin auf der Erbse. Los, bau den Tapeziertisch auf", motivierte Eva ihre heute besonders phlegmatische Freundin im Kasernenhofton zum Frondienst. Die Aktion begann im Schlafzimmer. Dort hatte Herby nämlich die meisten Spuren hinterlassen: Mit bunten Wachsstiften waren an das Kopfende des Bettes die größten Liebespaare der Weltgeschichte gemalt. Und alle hatten die Gesichtszüge von Herby und Eva: Caesar mit platinblondem Lorbeerkranz, der Kleopatra seine Kriegsbeute vor die Füße legt, während die Schöne alle Liebesgaben fein säuberlich in ihren Filofax einträgt; Romeo und Julia schweben in der Disco übers Parkett und die Lerche singt dazu Hard Rock.

"Willst du das wirklich übertapezieren? Ich find's so witzig. Außerdem wird Herby vielleicht mal total berühmt. Und dann ist das Bild richtig was wert", mutmaßte Christine und hatte schon die Dollarzeichen in den Augen.

"Das kommt weg, berühmt oder nicht!", entschied Eva in einem Ton, der keinen Widerspruch duldete und rührte den Kleister an, während Christine sich fast die Arme brach beim Aufstellen des Tapeziertisches. Sie hantierte so lange so ungeschickt damit herum, bis sie sich total in dem Klappgestell verfangen hatte. "Eva, ich krieg' keine Luft mehr", stöhnte ihr zartes Stimmchen aus dem Gestänge-Labyrinth. Mit dem Kleisterpinsel in der Hand eilte Eva aus dem Bad herbei und entknotete ihre Freundin unsanft, aber mit Erfolg. Dummerweise stieß sie dabei mit ihrem rechten Fuß gegen den Eimer mit Tapetenleim. Als wenn er es sich nochmal überlegen wollte, wippte der Kübel für den Bruchteil einer Sekunde auf der Kante, bis er schließlich mit einem satten "Blubb" umkippte. Jetzt lagen beide wie die Maikäfer in der glitschigen Soße auf dem Boden, kugelten sich vor Lachen. Dabei strampelten sie mit den Beinen und quietschten vor Vergnügen. Etwas anderes blieb ihnen auch nicht übrig, denn aufstehen war unmöglich in dem Glibber.

"So lustig hatte ich mir das Renovieren gar nicht vorgestellt", prustete Eva und robbte zur Tür, um sich am Rahmen hochzuziehen. "Jetzt müssen wir uns aber ranhalten, sonst schaffen wir heute überhaupt nichts mehr."

Mit neuem Elan zerschnitten sie schnell die Tapetenrolle in lauter gleichgroße Stücke. Patsch, patsch, Kleister drauf und ab auf die Wand damit. Die erste Bahn hing wie 'ne eins. Bei der zweiten wurde es schon schwieriger. Eva hatte beim Schnippeln der Wandbekleidung nämlich nicht das üppige Blumenmuster berücksichtigt. Und zu allem Überfluss waren die Altbauwände auch noch total schief. Jetzt passte überhaupt nichts mehr! Eva fluchte wie ein Rohrspatz und war kurz vor einem hysterischen Anfall: "Jetzt können wir den ganzen Mist wegschmeißen. Ich raste gleich aus."

Nun war Christines Auftritt gekommen: "Als hätte ich es geahnt. Was würdest du nur ohne mich tun? Du unterschätzt ja immer meine praktische Veranlagung, aber clever wie ich bin, habe ich extra noch eine Packung Tapeziernägel gekauft. Die sind bestimmt für solche Problemfälle gedacht. Schneide doch kleine Stückchen, wo was fehlt. Dann können wir die damit festnageln", schlug sie vor und platzte fast vor Stolz, weil sie so einen tollen Einfall hatte.

"Meinst du? Ich habe noch nie gehört, dass man Tapeten festnagelt."

"Na klar, sonst würden die doch nicht Tapeziernägel heißen. Wo ist der Hammer?"

"Hammer. Scheiße – vergessen! Ach was, blöde Tapeziererei. Wir reißen die Dinger wieder runter und pinseln die Wand nur mit der Rolle. Sieht bestimmt auch ganz gut aus", tröstete sich Eva und wählte den einfacheren Weg für die Eliminierung von Herbys Kunstwerk. Sie schnappte sich die große Lammfellrolle und tauchte sie noch einmal kräftig in den großen Farbeimer. Dann stieg sie auf die höchste Sprosse der Aluminiumleiter und begann die Decke zu streichen.

"He, spritz' doch nicht so", maulte Christine, während sie an der Basis mit dem Spachtel emsig Dübellöcher zuschmierte.

"Pass' lieber auf, dass du das Zeug auch schön glatt streichst. Nicht dass die Wand nachher aussieht wie mein Pickelgesicht. Warum haust du eigentlich ständig mit dem Schuh gegen die Wand?"

"Das geht nicht anders. Ich krieg diese harten Klumpen sonst nicht in die Löcher rein", schnaubte Christine und hämmerte mit ihrem Absatz lauter Dellen rund um die Löcher.

"Das sieht ja aus, als hätte die Mafia hier eine Maschinengewehrsalve abgefeuert. Lass' mal lieber. Ist vielleicht besser, du streichst die Fußleisten", gab Eva neue Anweisungen. Schließlich hatte sie ja kein Abrissunternehmen bestellt!

"Konzentrier' du dich besser auf deine Decke. Die sieht von hier unten total streifig aus", konterte Christine und schnappte sich die Dose mit der weißen Ölfarbe.

"Wo soll das streifig sein?", fragte Eva nach und verrenkte sich den Hals bis zum Anschlag. "Ich sääääh...." Dann war nur noch lautes Scheppern und leises Jammern zu hören.

"Eva, Eva, hast du dir etwa weh getan? Du hättest aber auch wirklich besser aufpassen können."

"Halt bloß die Klappe, Christine, sonst explodier' ich", zischte Eva und rappelte sich langsam unter der Leiter heraus.

"Da macht man sich Sorgen, dass du Tollpatsch dir was gebrochen hast, und du wirst gleich pampig."

Blablabla, blabla, bla... Das Wortgefecht dauerte noch eine ganze Weile. Und fast hätten sich Eva und Christine diesmal richtig in die Haare bekommen. Aber stattdessen entfernten sie sich lieber gegenseitig die Farbklumpen aus der Frisur und starteten die nächste Heimwerker-Offensive – diesmal mit der neuerworbenen Bohrmaschine.

"Geh' zur Seite, Tini. Jetzt kommt Hightech zum Einsatz!"

Wild und zu allem entschlossen warf Eva den Schlagbohrer de Luxe an und rammte ihn in die nicht zur Kapitulation bereite Wand bis die Funken sprühten. "Scheiße! Stahlträger. Naja, auch kein Problem. Dann mache ich das Loch eben zehn Zentimeter weiter nach rechts."

Eva setzte von neuem an. Diesmal in Bohrer Stärke 10. Mit verkniffenen Augen und kämpferisch vorgeschobenem Unterkiefer ging sie wieder mit voller Kraft auf ihren Feind, die Wand los. Aber der Kraftaufwand war an dieser Stelle vollkommen überflüssig. Just an diesem Punkt wies der Gegner eine Schwachstelle auf: Rigips! Aus einer riesigen Staubwolke hüstelte Eva ihrer Freundin zu: "Du brauchst gar nicht so doof zu lachen. Ich schaff das schon noch!"

"Ich wusste gar nicht, dass du hier einen Durchbruch zum Klo machen wolltest. Auch nett. Mal was anderes", brachte Christine die Amazone mit Bohrmaschine zur Weißglut und auf Hochtouren. Sekunden später wieder das laute Dröhnen im Staubnebel. Dann plötzlich ein greller Blitz, ein lauter Aufschrei, schließlich Totenstille.

"Was ist denn jetzt wieder passiert, Eva?"

"Jetzt, jetzt wäre ich fast zum Brikett mutiert. Saublöde Elektroleitung! Und die Bohrmaschine ist auch im Arsch", fluchte Eva lautstark durch die ganze Wohnung und trat wütend mit dem rechten Fuß gegen die Wand des Anstoßes. Die Wohnung sah jetzt aus, als hätte eine Bombe eingeschlagen und die Lust am Renovieren hatte sich zusammen mit dem Staubnebel ziemlich schnell verflüchtigt. Also bewaffneten sich die beiden mit Putzeimer, Wischmopp, Kratzschwamm und versuchten, Evas Behausung wieder in den Normalzustand zu versetzen.

"Und weißt du, was ich Montag als Allererstes mache? Ich bestelle einen Profi-Maler. Soll der doch sehen, wie er mit Herbys Hinterlassenschaften und meinen schiefen Wänden fertig wird."

"Gute Idee! Für solch niedere Arbeiten sind Männer doch irgendwie besser zu gebrauchen", grinste Christine. "Aber jetzt lass' uns irgendwas Lustiges unternehmen. Ich brauche dringend Tapetenwechsel."

14. Partygeflüster

Nur vier Wochen später erstrahlte Evas Wohnung in vollkommen neuem Glanz. Profi-Maler Humpfer hatte mit seiner Drei-Mann-Crew das Renovierungsdesaster fachmännisch und kostspielig beseitigt: Jetzt klebte sogar die schicke Blumentapete, Christines Absatz-Dellen waren glatt gespachtelt, die Durchreiche zum Klo wieder dichtgemacht.

"Ist die Wohnung nicht toll geworden? Und endlich ist auch der Geist von Herby rausgepinselt. Ich bin heilfroh! Das schreit doch eigentlich geradezu nach einer Einweihungsparty, Tini. Was hältst du davon? Am besten gleich am nächsten Samstag. Wenn du willst, kannst du deine Freunde auch einladen."

"Oh, super! Ich liebe Partys! Wie viel kann ich denn einladen?"

"Ich dachte so an 30 bis 40 Personen insgesamt."

Christine war total aufgekratzt und freute sich schon jetzt riesig, alle Leute, die sie auch nur im entferntesten kannte, einzuladen: "Was hältst du von Dr. Weber? Ach nee, doch lieber nicht. Chef ist schließlich nur Chef. Aber Siegfried und Rolf müssen unbedingt dabei sein. Doch dann kann ich natürlich nicht Richard und Julia einladen. Weil die hatte mal was mit Rolf. Oder mit Siegfried? Im Zweifelsfall mit beiden. Egal, Elvira muss auf alle Fälle kommen. Das ist 'ne echte Stimmungsbombe. Und sie sieht vor allem schlecht genug aus! Zehn Leute habe ich jetzt schon zusammen", strahlte Christine und schnappte gleich ihr Handy, um die ersten Einladungen auszusprechen.

"Beruhige dich, du bist ja ganz aus dem Häuschen. Lass' uns lieber mal eine Liste machen, was wir für 40 Leute alles brauchen. Zuerst die Getränke: Bier und Wein auf jeden Fall. Aber keinen roten, der macht nur Flecken, die man nicht mehr wegkriegt. Und nichts Scharfes, da werden die Kerle immer so primitiv. Lieber etwas mehr Orangensaft und Mineralwasser. Das ist auch billiger. Und Essen? Ach was, nur ein paar Chips, Flips und Salzletten. Das reicht vollkommen."

"Schade. Kleine Häppchen fände ich viel besser. Vielleicht ein kleines Büfett. Muss ja nicht gerade mit Lachs und Kaviar sein. Aber Buletten und Kartoffelsalat dürfen auf keiner Party fehlen. Die kommen immer gut an. Dazu Gürkchen, Tomaten und natürlich auch ein bisschen Käse, Baguette. Nudelsalat wäre auch fein. Eventuell sogar noch was Süßes. Eine Mousse au Chocolat oder einen Käsekuchen. Da habe ich ein ganz tolles Rezept. Nudelsalat ist ganz wichtig. Oder hatte ich den schon aufgezählt? Ich schreibe das jetzt mal alles auf: Krautsalat, Reissalat mit Mandarinen und etwas Curry, Wiener Würstchen oder gebratene Hühnerbeine, Folienkartoffeln aus dem Ofen mit Kräuterquark, Salami, gekochter Schinken, gefüllte Paprikaschoten... Was hältst du davon Eva, wenn wir dazu noch eine deftige Suppe anbieten, Gulasch oder so?", fragte Christine und starrte immer noch auf ihren Schmierzettel. "Was meinst du denn? Los, sag' doch auch mal was. Schließlich ist es doch deine Party."

Eva konnte gar nichts sagen. Sie hatte die letzten zwanzig Minuten nämlich nicht mehr zugehört und war schon nach den Delikatess-Gürkchen in die Küche verschwunden, um ihren Bestand an Gläsern zu inspizieren.

Den Rest des Abends verbrachten die beiden Frauen mit der Party-Organisation, die nächsten Tage mit der Umsetzung. Christines Einladungsliste wurde von Stunde zu Stunde um etliche Namen länger und ihre Ideen für die "Party des Jahres" wurden immer verrückter: "Man kann sich doch solche Kellner mieten, die den ganzen Abend mit Getränke-Tabletts rumgehen. Das macht mächtig was her. Und wie wäre es mit einem Flying Büffet oder einem kleinen Show-Programm?"

"Ich wollte eigentlich nur eine kleine Fete feiern und keine Gala-Veranstaltung. Das kostet alles sowieso schon so viel", versuchte Eva die losgelassene Partylöwin wieder einzufangen.

"Wieso? Ich habe dir doch gesagt, ich spendier' den Käse und die Cracker."

"Ich bin dir ja auch dankbar für die fünf Harzer Rollen, die du schon im Kühlschrank deponiert hast. Trotzdem gibt's kein Show-Programm, basta!"

"Gut, gut. Aber jammere mir bloß nicht die Ohren voll, wenn das Fest langweilig wird", spielte Christine die beleidigte Leberwurst und nahm sich wieder das Handy. Ihr waren doch tatsächlich noch drei Gäste eingefallen: John, Ralph und Dorothea.

Samstagabend, 20 Uhr. Eva und Christine saßen aufgedonnert wie zwei Christbäume vor dem neu geklebten Blumenpanorama, dem Büffet, das für die Speisung der Zehntausend locker ausgereicht hätte, und der Bar, die alle Partygäste im Nu zu Vollalkoholikern machen konnte.

"Jetzt könnte aber langsam wirklich einer kommen."

"Mensch Eva, stell' dir nur mal vor, da taucht überhaupt keiner auf. Dann müssen wir heute Nacht noch alle 80 Buletten einfrieren. Und dann der ganze Kartoffelsalat."

"Du machst mich noch ganz verrückt. Sei bloß ruhig."

In diesem Moment klingelte es. Erleichtert und hocherfreut stürmten die beiden zur Tür und nahmen Elvira mit Küsschen in Empfang. Im Schlepptau hatte Christines vollschlanke Kollegin einen durchaus wohlgeformten Kerl mit vielen geplatzten Äderchen auf den Wangen und einer dicken Knollennase im Gesicht. "Ich bin Robin", stellte er sich schüchtern mit feuchtschlabbrigem Händedruck vor und drückte Eva verlegen eine Flasche Billigfusel in die Hand.

Eva wollte sich gerade überschwänglich dafür bedanken, da: Rrrring! Schon standen die nächsten Gäste in der Tür. Und so ging das nie nächste halbe Stunde nonstop. Alle 60 Gäste waren mittlerweile da und drängelten sich schnatternd und lachend im Wohnzimmer. Nur einer fehlte noch: Joe, der neue Chefreporter aus Evas Redaktion.

Aber egal, widmen wir uns doch erst einmal den illustren Gästen, die sich anscheinend blendend amüsierten. Nicht zuletzt wegen des exotischen Begrüßungscocktails von Christine. Den hatte die Hobby-Alchimistin in stundenlanger Arbeit zusammengebraut, ohne sich dabei über die verheerende Wirkung des teuflischen Getränks im Klaren zu sein. Doch dazu später.

In der Ecke neben der Stereoanlage schwulte Bruno mal wieder und versuchte mit langen Tiraden über die zeitgenössische Bildhauerei Evas Chef effektvoll anzubaggern. Gerade als er auch noch die Festigkeit von dessen Po-Muskulatur per Kneifprobe testen wollte, ging Eva dazwischen und entführte Herrn Breitbarth zum Büffet.

"Schön, dass du gekommen bist, Heike. Du siehst mal wieder umwerfend aus. Warum hast du denn Ferdinand nicht mitgebracht?" fragte Christine ihre muskulöse Bekannte aus dem Fitness-Studio.

"Lass' mich bloß mit dem in Ruhe. Seit der an seiner Diplomarbeit über die hypotaktische Syntax bei Heinrich von Kleist sitzt, ist mit ihm überhaupt nichts mehr anzufangen. Also amüsiere ich mich eben allein", erklärte Heike etwas frustriert und schaute neugierig nach dem Angebot an männlichen Gästen.

"Eva, übrigens, ich habe gestern Tom, deinen Ex-Knipser gesehen. Der hat ja schon wieder eine Neue. Die werden immer jünger bei ihm. Demnächst holt er sich frischen Nachschub aus dem Kindergarten."

"Isch noch wasch von dem Gocktail da?"

"Schnell, ich brauch was zum Aufwischen. Der blöde Kartoffelsalat ist mir aufs Sofa gekippt."

"Igitt, der hat mir 'nen Eiswürfel in den Ausschnitt gesteckt!"

"Christine, nun hab dich doch nicht so. Ein Küsschen in Ehren kann niemand verwehren."

"Oh, jetzt habe ich doch tatsächlich meine Gabel an der Bulette verbogen."

"Kennst du den schon? Irre witzig. Also wie bringt man die Augen einer Blondine zum Leuchten? Einfach Taschenlampe ins linke Ohr stecken. Gut was?! Der ist noch besser: Eine Brünette und eine Blondine stürzen sich vom Hochhaus. Wer kommt zuerst unten an? Die Brünette natürlich. Das blonde Gift fragt erst noch nach dem Weg. Irre witzig!"

"Evaa! Da ist kein Klopapier mehr."

"Ist hier irgendwo noch ein Aschenbecher zu haben?"

"Strip-Poker? Mit dir spiele ich noch nicht mal Quizduell"

"Mein String-Tanga bringt mich noch um. Der kneift wie Zahnseide zwischen den Pobacken. Und wofür? Wir Frauen haben wirklich ein Rad ab."

"Echt langweilige Musik. Eva, hast du nicht was schlagermäßiges? Vielleicht Helene Fischer oder so..."

"Pass' doch auf, du Idiot. Du bist mir voll auf meine neuen Pumps gelatscht!"

"Hast du die da vorne in der Küche gesehen? Die Schnalle mit den roten Haaren. Ich bin sicher, das ist 'ne Perücke."

"Entschuldigung, haben wir uns nicht schon einmal gesehen?"

"Die Bowle is wirklisch gans auschgeseichnet."

Die Stimmung war einfach bombig. Dieses Fest konnte sich wahrlich sehen lassen, auch wenn einige Gäste schon leichte Ausfallerscheinungen zu beklagen hatten. Zum Beispiel Ludwig, der hilfsbereite Nachbar aus dem ersten Stock, der laut lallend einer Frau nach der anderen in die Arme plumpste und sich höflich Evas Goldfischen vorstellte: "Hallo, Jungsch, habt ihr auch scho'n Durscht wie isch. Proschtata", angelte er seinen Strohhalm aus dem Glas, tauchte ihn ins Aquarium und nahm erst mal einen kräftigen Schluck Algenwasser. Dann versuchte er, den größten Fisch zu grapschen, um mit ihm Brüderschaft zu trinken. Zum Glück verfehlte er ihn und gab sich mit einem stinkigen Stück Seetang zufrieden.

Über Ludwig, die wandelnde Schnapsleiche, amüsierten sich nicht nur die Fische und Schnecken im Aquarium prächtig. Dagegen Ute Bock mal wieder nur peinlich und penetrant auf sich aufmerksam machte. Die zickige Tippse aus der Chefetage hatte Eva eigentlich gar nicht eingeladen. War auch nicht nötig, denn Ute, die Fettqualle, tauchte immer unaufgefordert auf jeder Party auf, um sich einmal quer durchs Büffett zu fressen. Auch an diesem Abend gabelte sie eine breite Schneise durch die liebevoll dekorierte Hausmannskost. Das konnte Eva ja noch verschmerzen. Wenn Ute dabei wenigstens manierlich gegessen hätte. Aber von wegen! Sie schmatzte laut und spuckte ungeniert einen Hühnerknochen hinter die neuen Vorhänge. Und zum Schluss wischte sie auch noch ihre dicken Fettfinger an der Tischdecke ab.

Eine echt gelungene Party. Nur die Gastgeber konnten sie nicht so richtig genießen. Sie waren ständig damit beschäftigt, randvolle Aschenbecher zu leeren, verschmierte Teller und verklebte Gläser zu spülen, harten Getränkenachschub an der Tankstelle zu besorgen.

Es war kurz nach Mitternacht – die ersten Gäste hatten sich schon verabschiedet – als plötzlich Joe in der Tür stand: "Beim Leben meines Erstgeborenen, ich schwöre, es ging nicht früher", platzte er in die aufgekratzte Partyrunde. "Es gab einen historischen Sieg zu begießen. Ich verwette mein Jahresgehalt und das Erbe meiner nicht vorhandenen Frau, dass die Kicker von Rot-Weiß in diesem Jahr die Meisterschaft holen", behauptete Joe vollmundig und schnappte bereits nach dem zweiten Pils.

"Niemals! Die haben doch überhaupt keine Chance. Aber die Wette gilt trotzdem. So schnell habe ich noch nie Geld verdient", schmunzelte Eva.

"Vorsicht, Vorsicht, Frau Kollegin. Sie spielen mit ihrem Redakteurs-Vertrag. Wenn Frauen von Fußball reden, treibt der Schwachsinn neue Blüten. Im Namen der Menschlichkeit, verstummen Sie lieber", tönte Joe augenzwinkernd und knuffte Eva.

"Ich habe ja schon immer gewusst, dass Sie ein richtiger Chauvi sind."

"Ha, halten Sie an sich. Diese Behauptung trägt ja das Kainsmal der Lüge. Noch ein Bier bitte! Gibt's auch was zu essen?"

Eva brachte ihm einen Teller vom Büffet: "Die Buletten und Hühnerbeine sind leider alle. Unter uns: Inga, Sie wissen doch, die Tippse aus der vierten Etage, war hier."

"Sofort Ringfahndung einleiten. Dem Büffet von Frau Edelmann sind die Frikadellen abhanden gekommen. Alle verhaften, alle verhaften!", grölte Joe durch den ganzen Raum und erntete selbst von den beschwipsten Gästen irritierte Blicke und Kopfschütteln.

Tja, so war er, der Polizei-Reporter Joe. Immer einen unpassenden Spruch auf den Lippen, immer große Gesten, immer viel Bier. Wenn er besonders viel getrunken hatte, gab der rasende Reporter auch noch die schnulzigen Schlager von Hans Albers zum Besten. Und das so überzeugend, dass ihm der Chefredakteur schon mehrfach nahegelegt hatte, die Branche zu wechseln.

Es dauerte noch ein paar Bierchen und eine nette Bitte von Eva, bis Joe lauthals zu Trällern anfing: "Auf der Rrreeperbahn nachts um halb eins...düdel, düdel, dütt..." Joe war echt gut drauf. Übermütig und immer noch singend, schnappte er sich Eva und tanzte mit ihr quer durchs Zimmer. Nach der zweiten Strophe wurde ihm schwindlig. Zum Glück, denn er war ein miserabler Tänzer. Jetzt suchte er an Evas Schultern Halt. Nicht mehr ganz Herr seiner Sinne und Beine, bekam er dabei ihren Schal zu fassen und schnürte ihr die Luft ab. Dabei drückte er sich ganz fest an die Strangulierte und sagte cool: "Ich schau dir in die Augen, Kleines!" Dann brach er schielend vor Evas Füßen zusammen und machte auf dem Parkett erst mal spontan ein Nickerchen. Tja, die Humphrey Bogart-Nummer hatte ihn nun wirklich überfordert!

Als Matthias und Stephan ihn schließlich aufs Sofa verfrachteten, um die Tanzfläche wieder freizugeben, lallte das blasse Häufchen Elend total erschöpft: "Spektakulär! Ganz großer Sport!" Dann fiel er ins Koma.

Der harte Kern der Party-Gäste verschwand erst im Morgengrauen. Die paar Freunde, die noch nüchtern waren, wurden von Eva dazu verpflichtet, die johlenden Überbleibsel vom Schlachtfeld aufzusammeln und nachhause zu bringen. Sie hatten wahrlich mutig gekämpft. Aber jetzt waren Christine und Eva trotzdem heilfroh, die müden Krieger endlich los zu sein.

Die beiden wollten eigentlich nur noch die Essensreste mit Alufolie abdecken, als Christine fragte: "Wer war denn dieser schräge Hans Albers-Typ?" Und so begann erst der eigentlich intime Teil der Fete – das Party-Geflüster:

"Schau dir das an. Da hat doch irgend so ein Ferkel einfach einen Hühnerknochen hinter meinen neuen Vorhang geschmissen!"

"Du, dein Chef, der Breitbarth, hat mich voll angebaggert. Der glaubt wohl, ich bin blöd und sehe seinen Ehering am Finger nicht. Da hat er sich aber geschnitten! Soll sich doch 'ne andere Doofe suchen, der Geilspecht. Und der neue Typ von Elvira, wie der aussieht. Als hätte er Rotbäckchen getrunken. Echt bescheuert. Diesen Robin wollte ich nicht geschenkt haben, diesen Verklemmi."

"Hoffentlich überleben meine Goldfische diesen Abend. Jemand hat einfach Zigarettenkippen ins Wasser geschnippt."

"Deine Kollegin Sandra ist ja vielleicht ein Früchtchen. Die hat sich doch wirklich jedem Kerl an die Brust geschmissen und mit den Hüften gewackelt wie beim Befruchtungstanz. Aber ohne Erfolg. Nachhause gehen musste sie alleine. Geschieht ihr ganz recht!"

"Das sind doch Fettflecken an der frisch gestrichenen Wand, oder? Guck' doch mal, Christine. Wahrscheinlich hat sich hier Tobi mit seinem Fettkopf angelehnt. Der nimmt immer Nivea statt Haargel, weil er meint, das sieht besser aus. Und ich hab jetzt die Flecken. Sauerei."

"Das ging heute Abend zu wie auf einem Ball der einsamen Herzen. Liegt wohl an unserem Alter. Mindestens drei neue Paarungen gab's. Dieser blöde Dietmar mit der dummgeilen Rosi. Das hätte ich mir ja noch denken können. Aber dass der biedere Herbert sich an den Dragoner Ulrike ran traut, hat mich total verblüfft. Und weißt du, wer dieser hübsche Lockenkopf mit dem zierlichen Modepüppchen war? Gegangen sind sie auf jeden Fall zusammen."

"Christine, du kannst dich schon mal drauf einstellen, dass in den nächsten Wochen nur noch Krautsalat auf den Tisch kommt. Den hat nämlich kein Mensch angerührt. Das Rezept deiner Mutter scheint nicht gerade der Hit zu sein. Dafür kam aber dein teuflisches Gebräu von Cocktail verdammt gut an. Fast zu gut!"

"Bei der nächsten Party musst du unbedingt jemanden besorgen, der sich um die Musik kümmert. Wie wär's mit dem netten DJ aus dem IN?"

"Nächste Party? Nein, Danke! Mir graut es jetzt schon davor, dass wir morgen den ganzen Mist hier aufräumen müssen."

Während Eva schon mal das Arbeitspensum für den Tag vor ihrem geistigen Auge auflistete, schlummerte Christine total erledigt neben ihr auf dem Sofa ein. Und als Eva sie fürsorglich in die kuschlige karierte Wolldecke einhüllen wollte, purzelte leise etwas aus dem Kamelhaarflausch - ein abgenagter Hühnerknochen...

15. Das doppelte Blondchen

Christine musste sich beeilen. Sie hatte nur noch zwanzig Minuten Mittagspause und noch gar nichts eingekauft. "Drei Kiwis und ein Pfund Erdbeeren, bitte", gab sie ihre bescheidene Bestellung bei dem netten Verkäufer vom Marktstand auf.

"Ich würde Ihnen noch die Honigmelonen empfehlen. Die sind wirklich ganz ausgezeichnet. Überhaupt, das ist der bestsortierte Stand hier auf dem Wochenmarkt. Finden Sie nicht auch?", lächelte sie ein Herr, der nach ihr an der Reihe war, an.

"Warum nicht? Danke für den Tipp", meinte sie kurz angebunden zu dem netten Mann im karierten Holzfällerhemd mit Lederweste, und bezahlte. Dann zog sie schnell weiter zum Blumenstand gegenüber. Nur noch fünfzehn Minuten Mittagspause.

"Welche nehme ich nur? Ich hab' ja nur so 'ne kleine Kugelvase. Am besten kaufe ich die Fresien. Aber warten Sie mal, nein doch nicht. Meine Freundin hat mir nämlich neulich eine große Vase geschenkt. Allerdings nur mit einem schmalen Hals. Da passen wahrscheinlich nur zwei von diesen schönen Sonnenblumen rein. Obwohl, wenn ich die Stiele etwas dünner schnitze... Ach, das macht nur Arbeit und Dreck. Ich entscheide mich doch für die weißen Nelken. Sind die im Sonderangebot?"

"Nein! Die sind immer so billig", fauchte die mittlerweile ziemlich gestresste Marktfrau unter ihrem Kopftuch hervor und zupfte nervös an ihrer Schürze, während sie den Strauß einwickelte.

"Moment noch. Ich glaube, die passen doch nicht. Für die große Vase mit dem dünnen Hals sind die Blumen zu kurz; und für die kleine kugelige viel zu lang", überlegte Christine laut und rupfte unentschlossen an den Lilien, Forsythien, Tulpen und Vergissmeinnicht.

Die Marktfrau war kurz vorm Kollabieren und hatte nicht übel Lust, Christine den bereits eingewickelten Strauß einfach auf den Kopf zu hauen. Da war sie wieder, die Stimme vom Obststand: "Vielleicht kann ich Ihnen die Entscheidung abnehmen? Eine Frau wie Sie gehört natürlich auf Rosen gebettet", schleimte der Mitvierziger und drückte Christine das ganze Sortiment Moosröschen in den Arm.

"Das kann ich doch nicht annehmen, ich kenne Sie doch gar nicht. Außerdem habe ich jetzt sowieso überhaupt keine Zeit. Ich muss zurück zur Arbeit", stammelte die Arzthelferin mit hochrotem Kopf. Die Blumen hielt sie aber felsenfest. Sie war schließlich nicht nur verblüfft von dieser Geste, sondern auch Pragmatikerin.

"Ah, zur Arbeit. Wie lange arbeiten Sie denn und wo, wenn ich fragen darf?", quetschte der Fremde unverblümt Christine aus.

"Praxis Dr. Weber, Körber. Sprechstunden täglich von 9 bis 18 Uhr. Rutschbahn 7. Dritter Stock. Kassen- und Privatpatienten", ratterte Christine verdutzt runter.

"Okay, dann bis nachher. Und stellen Sie die Blumen ins Wasser", verabschiedete sich der ominöse Mann in der Cordhose und verschwand langsam hinter der Würstchenbude.

Christine blieb wie angewurzelt zurück und starrte auf die Blumen. Dann schlug die Turmuhr. "Oh Gott, Dr. Weber, ich muss in die Praxis."

Die Arzthelferin zog sich an diesem Abend ihren Mantel doch etwas schneller an als sonst. Und als der Fahrstuhl ewig nicht kommen wollte, eilte sie hastig die Treppe hinunter, denn sie war doch neugierig, ob der unbekannte Rosenkavalier erscheinen würde. Und vor allem, was er von ihr wollte. Tatsächlich, da stand er und grinste frech. "Voilà, hier bin ich."

"Sagen Sie mal, was wollen Sie eigentlich von mir? Und wer sind Sie überhaupt?"

"Sie sind auf jeden Fall genau diejenige, die ich suche", sagte der Mann mit den schütteren Haaren und dem fiesen HipHop-Bart, der Christine optisch überhaupt nicht gefiel. "Übrigens, ich heiße Guido Kratz. Es geht da um ein Projekt, für das ich Sie unbedingt brauche."

"Jetzt machen Sie mich aber echt neugierig. Worum geht's denn da?"

"Das sage ich Ihnen gerne. Aber nicht hier auf der Straße. Lassen Sie uns doch da drüben in die Kneipe gehen. Bei einem Bierchen redet es sich doch viel gemütlicher."

Christine nippte an ihrem frisch gezapften Pils und lauschte gespannt den Ausführungen von Guido Kratz: "Also es geht da um eine Werbekampagne. Ein Riesendeal, bei dem auch für Sie ein Haufen Geld rausspringen kann. Aber das Wichtigste – ich bring Sie ganz groß raus. Und das einzige, was Sie dafür tun müssen ist Stillhalten."

Christine wurde es jetzt doch etwas mulmig. "Das ist bestimmt einer von diesen primitiven Pornohengsten auf der Suche nach Frischfleisch", dachte sie, schwieg aber, denn jetzt wollte sie ihn überführen. "Irgendwann muss er ja mal zur Sache kommen."

"Sie haben für diesen Auftrag einfach die ganz bestimmte Ausstrahlung und natürlich auch die richtige Optik. Eben die Grundausstattung, die ich für diese Geschichte brauche."

"Was denn für eine Geschichte, was für 'ne Grundausstattung. Ich verstehe überhaupt nichts."

"Also noch einmal von vorne: Ich bin Fotograf. Mache hauptsächlich Werbung, aber nur echt große Dinger. Jetzt bereite ich gerade meine nächste bundesweite Kampagne vor mit neuen unverbrauchten Gesichtern. Stell' dir vor – ich darf doch du sagen –, du hängst dann an allen Plakatwänden in der Republik, hast deine eigene Profi-Internetseite, das Making off steht auf Youtube. Jeder kennt dich, alle interessieren sich für dich. Davon können andere Frauen nur träumen. Ich sag' dir, das ist die Chance deines Lebens."

"Wie aufregend. Und wofür stehe ich da Modell? Ausziehen tu' ich mich aber nicht, das sag' ich Ihnen gleich."

"Ach was, nackt doch nicht. Im Gegenteil, wir ziehen dir sogar was Nettes an. Wir machen schließlich Werbung für Computersoftware, und zwar für den größten Hersteller Europas 'Banana Data'."

"Das hört sich schon besser an, richtig seriös."

"Also pass' mal auf. Du weißt jetzt, worum es geht. Du brauchst nur noch Ja oder Nein zu sagen. Und wenn du mitmachst, treffen wir uns gleich morgen Abend bei mir im Studio zum Shooting."

"Wieso Shooting, was für Schuhe muss ich denn da mitbringen? Aber auf jeden Fall bin ich mit von der Partie."

Guido Kratz überhörte Christines ziemlich dümmliche Nachfrage und war froh, dass sie sich nun endlich entschieden hatte. "Also dann, morgen 18 Uhr 30 am Set. Hier ist die Adresse. Tut mir leid, aber ich habe jetzt noch ein Date. Die Models warten schon auf mich", verabschiedete sich Guido, zahlte und brauste ab.

Christine steckte die Visitenkarte des Knipsers ganz vorsichtig in ihren Geldbeutel und machte sich sofort auf den Weg zur Bushaltestelle. Von ihrer Entdeckung zum Superstar musste sie unbedingt gleich Eva erzählen.

"Eva, du wirst es nicht glauben, aber deine Freundin wird berühmt. Ich will ja nicht übertreiben, aber ich sehe mich jetzt schon die Autogrammkarten signieren. Hoffentlich kriege ich das auch alles unter einen Hut, meinen Nebenjob in der Praxis und die ganzen TV-Shows, in denen ich überall auftreten muss. Naja, wenn die Sache erst mal richtig angelaufen ist, muss ich Doktor Weber wahrscheinlich sowieso verlassen. Das muss er einfach verstehen! Und du musst natürlich regelmäßig meine Internetseite auf den neuesten Stand bringen und über mein Promi-Leben twittern. Mit Adressen und Partys wo ich auftrete..."

"Sag mal, hattet Ihr mal wieder eine feucht-fröhliche Betriebsfeier in der Praxis? Du redest ja wie besoffen."

"Nur kein Neid, Eva Edelmann. Wenn ich dir erzähle, was mir heute Abend passiert ist, wirst du jedem stolz berichten, dass wir uns kennen."

"Muss ich jetzt eigentlich verstehen, wovon du redest oder kann ich es einfach ungefiltert unter Schwachsinn abhaken?"

"Du Unwissende, du. Naja, die Branche ist dir ja auch fremd. Gut, dann fange ich eben bei Adam und Eva an: Ich gehe morgen zum Shooting im Set bei Kratz für die Kampagne. Guido macht nämlich extrem in Software."

"Seit wann werden Leute, die einen Computerkursus belegen, berühmt?", fragte Eva in dem Glauben, dass Christine heute zum ersten Mal Drogen genommen haben musste.

Christine brauchte noch ziemlich lange, bis sie fähig war, die Geschichte so zu erzählen, dass auch ein Ottonormalverbraucher wie Eva sie verstehen konnte. Und da sie sich nicht davon abbringen ließ, spätestens ab morgen, 18 Uhr 30, berühmt zu werden, war mal wieder eine Flasche Prosecco fällig.

Eigentlich hatte sich Christine ja vorgenommen, ihren Kolleginnen in der Praxis erst mal nichts davon zu erzählen, dass sie entdeckt worden war, um den Überraschungseffekt später umso mehr genießen zu können. Doch das war ihr natürlich nicht im Ansatz gelungen. Also ließ sie sich nach alter Manier feiern und über ihre neue Tätigkeit als Starmodel ausquetschen. So genau wusste sie zwar selbst noch nicht über ihren neuen Job bescheid, aber schließlich hatte sie ja genug aufregende Berichte und schillernde Reportagen in den Wartezimmer-Zeitschriften gelesen; und Details, die ihr fehlten, fügte sie einfach durch Visionen ihrer blühenden Phantasie hinzu. Das Schickeria-Leben einer Laetitia Casta, Heidi Klum oder Adriana Lima war ein wahrer Dreck dagegen, was Christine Körber in ihrem funkelnden Model-Dasein noch erleben würde. Mit dieser Einschätzung der Dinge hatte sie sogar ausnahmsweise Recht. Inwiefern wird an dieser Stelle aber noch nicht verraten. Wohnen wir lieber der durchaus amüsanten Fotosession bei Guido Kratz bei:

"Also, wo soll ich mich hinsetzen? Und wie überhaupt? Die Beine lässig übereinander geschlagen oder lieber parallel nebeneinander? Vielleicht ist es sogar besser, ich stelle mich ganz und winkle das rechte Beine etwas an. Oder ist das linke schöner? Nee, das geht auch nicht, meine Knie sind butterweich und zittern. Mensch Guido, dann sag' mir doch endlich, wie ich mich bewegen soll!", befahl Christine hektisch.

"Komm' Mädchen, trink' erst mal ein Schnäpschen. Das lockert. Außerdem müssen wir noch auf die Stylistin warten."

"Stylistin? Ich denke, ich komme allein aufs Foto! So haben wir nicht gewettet. Ich habe keine Lust, meinen Ruhm mit irgend so einer Schreckschraube zu teilen. Ist das klar?", spuckte Christine stutenbissig Gift und Galle, weil sie schon wieder ihre sündhaft teuren Nerzfelle davonschwimmen sah.

"Ey, immer cool bleiben, Mädchen. Natürlich bist du der Star. Ganz allein. Ist doch klar. Die Tusse schminkt dich doch nur, frisiert Dir die Haare und zieht Dir ein paar nette Klamotten an."

"Na gut, dann bleibe ich. Aber wieso andere Klamotten, gefalle ich dir nicht", fragte Christine unsicher und zippelte an ihren hautengen Leggins mit Glanzeffekt.

Guido verkniff es sich wohlweißlich, zu antworten.

Zehn Minuten später trudelte endlich Stylistin Tilly mit ihrem Schminkköfferchen ein und verrichtete gekonnt, schnell und präzise ihre Stuckateurs-Arbeiten. Mit Erfolg: Christine erkannte sich kaum im Spiegel wieder: "Wow, ich wusste gar nicht, dass ich so verdammt hübsch bin. Genauso werde ich mich jetzt immer schminken. Und wie du die Haare hingekriegt hast. Einfach toll. Ich bin richtig von mir begeistert. In Zukunft werde ich mich nur noch von dir verschönern lassen. Tilly, du arbeitest künftig nur noch für das Star-Model von 'Banana Data', okay?"

Tilly verdrehte angesichts dieses verlockenden Angebotes nur die Augen und warf hilfesuchend einen Blick zu Guido. Sie fand Christine ja auch ganz niedlich, aber Star-Model? Naja! Sie war Profi genug, um einschätzen zu können, dass sie dieses quirlige und selbstbewusste Wesen vor sich auf dem Stuhl heute wohl zum ersten und letzten Mal geschminkt hatte. Also steckte sie Christine freundlich lächelnd aber kommentarlos in ein paar flotte Jeans, und streifte ihr ein lässiges, mit gelben Bananen bedrucktes, tief ausgeschnittenes Shirt über, um sich dann so schnell wie möglich aus dem Staub zu machen. "Bis zum nächsten Shooting. Und toi, toi, toi Christine", verabschiedete sich Tilly flugs und sackte ihre Gage von Guido ein.

"Die ist echt nett. Und gar nicht neidisch auf meinen Erfolg. Das trifft man selten bei Frauen. Wir müssen dem Mädchen beim nächsten Set unbedingt etwas mehr zahlen."

"Ja, ja, Mädchen. Schon gut. Aber jetzt zur Arbeit. Setz' dich mal da hinten auf die Couch. Ich muss nur noch den Raum ausleuchten und dann kann's losgehen. Und denk' dran: Immer cool bleiben!"

Christine nickte eifrig und gehorchte brav Guidos Anweisungen, während der Knipser seine Kamera startbereit machte.

"Den Kopf etwas höher und lächeln. Los, zeig' mal die Beißerchen. Ja genau so. Du willst doch schließlich 'ne positive Message rüberbringen. Na komm', Mädchen, wo bleibt denn deine

Natürlichkeit? Lächeln, nicht grinsen. Und die Augen dabei nicht zukneifen. Nein, so doch nicht. Die Glubscher nicht so aufreißen, ganz normal schauen."

"Kopf nach vorne strecken, ein bisschen nach links drehen, lächeln, Kinn nach oben, Augen auf, Zähne zeigen, Lippen anfeuchten..." Das ging bestimmt drei Stunden so. Guido hatte schon hunderte Digitalfotos von Christine gemacht, als er schließlich sagte: "So, das war's, Kleine. Hat ja prima geklappt mit uns beiden. Die Fotos bearbeite ich noch heute Nacht. Dann hat sie der Auftraggeber morgen früh auf dem Tisch und die bundesweite Kampagne kann voll durchstarten.

"Wie, schon fertig? Du hast ja nur meinen Oberkörper abgelichtet. Und meine Figur? So komme ich ja gar nicht richtig zur Geltung", moserte Christine enttäuscht.

"Keine Angst, Mädchen, das Wichtigste habe ich drauf. Glaube mir, das sind klasse Fotos, ich bin schließlich Fachmann. Und denke dran, was ich dir versprochen habe: Ich bringe dich ganz groß raus", beruhigte Guido die mittlerweile total erschöpfte Arzthelferin, deren Gesichtszüge sich angesichts dieser Prognose wieder aufhellten.

"So, und hier ist Dein Honorar: 500 Euro. Ein paar Fotos schicke ich dir per Mail in die Praxis. Okay? Die Klamotten kannst du auch behalten. Und wenn alles so läuft, wie ich mir das vorstelle, klebst du spätestens in zwei Wochen an jeder Plakatwand, ist das nicht toll?"

"Ich kann es kaum noch erwarten. Die Vorstellung, dass mich die ganze Stadt kennt, macht mich jetzt schon ganz kribbelig", sackte Christine ihre Gage ein, zwängte sich in ihre Leggins, gab Guido einen Schmatzer auf die Wange und schwebte glückselig zur Tür hinaus.

Die kommenden Tage verbrachte sie damit, all denen, die noch nichts von ihrer Karriere wussten, ausführlich von ihrer Arbeit als Model zu berichten. Selbst ihre Oma im Alters- und Pflegeheim "Sonnenwinkel" blieb nicht von den langen Schilderungen über ihre Sitzung bei Guido verschont. Einen Teil der 500-Euro-Gage investierte Christine postwendend in auffällige Visitenkarten mit Silber-Glimmer und Goldumrahmung vom

Automaten im Hauptbahnhof. Als dann noch die Mail mit den Fotos in der Praxis eintraf, erreichte die PR-Aktion in eigener Sache ihren Höhepunkt. Beim Fotoladen um die Ecke ließ Christine per Schnellauftrag gleich hundert Abzüge machen, um sie, mit den nötigen Detail-Informationen versehen, sogleich an ihre Freunde und Bekannte in der ganzen Republik zu verschicken. Ganz old school per Post, denn sie sollten die Prunkstücke schließlich sofort einrahmen und aufhängen können.

Eva war jedoch die Hauptleidtragende. Christine bombardierte ihre Freundin täglich mit dem Anliegen, doch nun endlich ein ausführliches Interview mit ihr in der Lokalzeitung abzudrucken: "Ich verkaufe dir auch die Exklusivrechte an meiner Geschichte. Eine Schlagzeile habe ich auch schon im Kopf: 'Von der Arzthelferin zum Super-Model – der kometenhafte Aufstieg der Christine K.' Wie findest du das?"

Eva hatte schon bald keine Ausrede mehr parat und versuchte immer wieder, Christine klar zu machen, dass sie die ganze Geschichte wohl etwas überbewertet. Aber all ihre Bedenken, die Kampagne betreffend, fruchteten nicht im geringsten. Im Gegenteil. Christine unterstellte ihr sogar "Stutenbeißerei" und dass sie nur neidisch wäre auf ihren Erfolg. Also gab Eva sich geschlagen und harrte der Dinge, die da kamen.

Und sie kamen mit Macht! Zwei Wochen später machte sich Christine wie jeden Morgen mit verquollenen Augen auf den Weg zur Bushaltestelle. Deshalb fiel es ihr auch gar nicht auf, dass zwei tuschelnde Rentnerinnen sie argwöhnisch beobachteten und hinter ihr her starrten, bis sie um die Ecke gebogen war. Christine wunderte sich auch nicht darüber, dass der Busfahrer sie heute auffallend freundlich begrüßte und sie dabei süffisant angrinste. Als der Bus anfuhr, warf sie einen kurzen Blick aus dem Fenster und sah es: Ihr Konterfei. Es prangte drei auf vier Meter auf der Plakatwand gegenüber. Aufgeregt verrenkte sie sich den Hals, um noch mehr von sich sehen zu können. Aber der Bus fuhr einfach zu schnell.

"Heute beginnt mein neues, aufregendes Leben", dachte Christine schmunzelnd und sie wäre überhaupt nicht überrascht gewesen, wenn einer der Fahrgäste sie gleich um ein Autogramm gebeten hätte. Ihre Fotos von Guido trug sie schließlich von morgens bis nachts mit sich herum, um bei Bedarf sofort eine Signierstunde abhalten zu können. Nervös kramte sie in ihrer großen Umhängetasche nach einem Lippenstift und nutzte die Pause, bis die Autogrammjäger sie belagern würden, um sich schnell noch einmal die Lippen nachzuziehen. Doch die Fahrt verlief völlig ereignislos. "Nächster Halt Rutschbahn", schnarrte die Stimme des Busfahrers durch den Lautsprecher.

Christine wollte gerade ihren Triumphmarsch in Richtung Praxis antreten, als sie plötzlich vor einer riesigen Plakatwand zur Salzsäule erstarrte. Da stand in großen Lettern quer über einem wogenden Kolossal-Busen: "Nicht so schnell, ich bin blond!" Und dann stand da noch neben den üppigen Formen: "Selbst Christine K. hat's geschafft. Dank der idiotensicheren Lernprogramme von Banana-Data!"

Christine war kotzübel und sie überlegte schon, ob sie sich lieber vom benachbarten Hochhaus stürzen oder vor einen 7,5-Tonner werfen sollte. Zu spät. Sie wurde enttarnt. Eine Schulklasse vierzehnjähriger Rüpel hatte die dralle Arzthelferin erkannt und der Wortführer der johlenden Masse grölte lautstark: "Hey, guckt doch mal, ist das nicht dieses hohle Titten-Monster vom Plakat? Geile Alte!"

Dreißig Augenpaare glotzten feixend auf Christines Oberweite. Die pubertären Pickelheinis auf ihren Skateboards waren gar nicht mehr zu bremsen. Ein geschmackloser Kommentar folgte dem anderen: "Ist das überhaupt echt oder Plastik?", "Einmal mit 'ner Nadel in die Glocken stechen, und die Tusse geht hoch wie ein Heißluftballon", "Ich glaub', die denkt wirklich in Zeitlupe. Echt bescheuert, das Tier!"

Christine war ein Bild des Jammers. Selbst ihre schlimmsten Gegnerinnen hätten in dieser Situation Mitleid mit ihr gehabt. Mit Tränen in den Augen und starr vor Entsetzen war sie der gepiercten Stimmbruch-Horde mit Flaumbärtchen vollkommen ausgeliefert. Da, endlich nahte Christines Rettung. Der Bus zum Schulzentrum stoppte in der Haltebucht und die Pennäler enterten tobend und kreischend das Gefährt.

"Nichts wie weg hier. Bloß schnell in die Praxis", dachte Christine in ihrer Panik und huschte wie ein gesuchter Schwerverbrecher um die Häuserecken. So viele Plakate wie an diesem Tag waren ihr vorher noch nie aufgefallen. Die Doppelgängerin aus Papier folgte ihr auf Schritt und Tritt: lächelte sie in der Einkaufspassage an, zwinkerte ihr von der Litfaßsäule zu und streckte ihr den Busen aus dem Schaufenster des Computerladens entgegen. Das Original wollte all seine Duplikate am liebsten auf der Stelle zerfetzen. Auch die, die kaum noch als Christine zu erkennen waren. Offenbar hatte ihre dralle Weiblichkeit zudem die Phantasie so mancher Plakat-"Künstler" angeregt: Auf dem einen Foto trug sie in alter Piratenmanier eine schwarze Augenklappe und einen Schnurrbart, auf dem anderen waren ihre Schneidezähne schwarz gepinselt, das dritte zeigte sie als stolze Trägerin zweier Fußbälle. Und das Poster genau vor der Urologen-Praxis hatte der Plakatkleber zu einer völlig verzerrten Picasso-Fratze zusammengestückelt. Mit Triefaugen, krummer Nase und schiefem Mund. Dafür war ihm Christine schon fast dankbar. Denn so erkannten die Patienten ihre Arzthelferin wenigstens nicht gleich auf den ersten Blick.

Am Abend des schrecklichsten Tages in ihrem Leben suchte Christine Trost bei ihrer Freundin Eva: "Es war so furchtbar. Dieser Hohn, dieser Spott, das überlebe ich nicht. Das Foto ging ja noch, aber dieser unsägliche Spruch. Alle lachen über mich. Das ganze Wartezimmer, die blöden Weiber und sogar Dr. Weber. Alle haben sich das Maul über mich zerrissen. Ich gehe nie mehr auf die Straße. Und diesen Guido bring' ich um. Groß rausbringen wollte er mich und jetzt hat er mich bis auf die Knochen blamiert", jammerte unser Ex-Fotomodell und schluchzte leise vor sich hin. Das beunruhigte Eva mehr, als wenn Christine geschrien und getobt hätte. So unglücklich und verzweifelt kannte sie Christine bislang noch nicht. Doch nach ein paar Minuten angestrengten Nachdenkens hatte sie die Lösung für ihr Problem gefunden: "Komm', Tini, wir machen 'ne kleine Stadtrundfahrt. Ich muss nur noch schnell in den Keller", sagte Eva und zog ihre dem Schicksal ergebene Freundin aus der Wohnung.

Schon an der nächsten Kreuzung stoppte Eva ihren alten Mercedes. Direkt vor einem dieser schrecklichen Papier-Doubles. Christine wollte gerade hysterisch werden, als Eva mit einem leisen "Plopp" den Deckel einer großen Sprühdose öffnete. Mit einem satten Strahl ließ sie den Spruch "Nicht so schnell, ich bin blond!" unter einer dicken Farbschicht für immer verschwinden. Schon beim nächsten Halt ließ es sich die Gebeutelte nicht nehmen, die Frechheit auf ihrem Busen eigenhändig auszumerzen.
Und als die Vögel im Morgengrauen zwitscherten, gab es in der ganzen Stadt kein 'Banana-Data'-Plakat mehr ohne Christines fetten Zensur-Balken...

16. Gefahr in Verzug

Am nächsten Morgen erhielt Eva von ihrem Chef einen unerwarteten Recherche-Auftrag: "Sie haben doch bestimmt schon die Agenturmeldung über die Sprayer gelesen. Kümmern Sie sich mal um die Geschichte und kriegen Sie raus, wer dahinter steckt. Wahrscheinlich militante Feministinnen von der ganz harten Sorte", instruierte Herr Breitbarth seine Redakteurin. Eva nickte bereitwillig und versteckte schnell ihre Hände mit den schwarzen Farbspritzern unter der Schreibtischplatte. Als der Chefredakteur die Tür hinter sich zuzog, rief sie gleich Christine an: "Tini, halt bloß die Schnauze wegen gestern Nacht. Ich muss da nämlich was drüber schreiben und habe keine Lust, dass deine große Tratschklappe uns zum Schluss noch verrät."

"Um Gottes Willen, wie schrecklich. Sucht uns jetzt etwa die Polizei?", fragte Christine ängstlich.

"Nein! Mach' dir keine Sorgen und lass' mich nur machen. Hauptsache du bist mucksmäuschenstill."

Eva begab sich jetzt offiziell auf "Recherche". Sie schlenderte gemütlich durch die Stadt, klapperte ihre Lieblingsboutiquen ab, stöberte im CD-Laden, um kurz vor 19 Uhr total erschöpft in die Redaktion zu fallen. Herr Breitbarth war denn auch völlig mit dem Ergebnis von Evas Schnüffel-Arbeit zufrieden, und kurz darauf war dies in der Onlineausgabe zu lesen:

"... Die feigen Attentäter schlugen in den frühen Morgenstunden zu. Bewaffnet mit Spraydosen der Marke 'Ex & Hopp' verunstalteten sie im gesamten Stadtgebiet die Werbeplakate des größten deutschen Software-Herstellers. Es gibt widersprüchliche Augenzeugenberichte. So wollen Anwohner rund um das Fußballstadion einen Muskelprotz mit tumbem Gesichtsausdruck in einem roten US-Straßenkreuzer gesehen haben, in der City beobachteten mehrere Angestellte eines Sicherheitsdiensts einen auffallend kleinen Mann in rot-grün-kariertem Anzug, wie er sich an verschiedenen Litfaßsäulen zu schaffen machte. Die meisten Hinweise deuten allerdings in eine ganz andere Richtung: Szene-Insider tippen auf die Organisation LilaFa – eine militante Absplitterung der ultralinken Frauenfraktion, die schon in der Vergangenheit durch sehr aggressive und gewalttätige Aktionen auf sich aufmerksam gemacht hatte. Für diese These spricht, dass Passanten zwei Frauen mit auffälligen Blondhaarperücken beim Sprayen überraschten. Sie konnten jedoch flüchten. Ganz entgegen des allerorts übersprühten Werbespruches: 'Nicht so schnell, ich bin blond!'. Für die Ordnungshüter, die sich keine Hoffnung auf die Ergreifung der Täter machen, waren sie allerdings schnell genug!"

Eva druckte sich schnell den Online-Artikel aus und fuhr damit zu Christine, um sie zu beruhigen. "Mensch Eva, wie hast du das denn alles nur herausgefunden? Wenn ich so drüber nachdenke, dieser Straßenkreuzer ist mir natürlich auch aufgefallen. Was wir für ein Glück hatten, dass uns keiner gesehen hat!"

Angesichts dieser entzückenden Naivität rollte Eva nur fassungslos mit den Augen und stöhnte: "Tini, du bringst es doch tatsächlich immer wieder fertig, mich von Neuem zu überraschen. Ich glaub', ich brauche jetzt erst einmal einen Drink."

Christine verstand zwar mal wieder nicht, was Eva damit meinte, aber sie hatte mittlerweile doch gelernt, den Mund zu halten, wenn ihre Freundin diesen merkwürdigen, etwas bedrohlichen Blick aufsetzte. Also schlurfte sie kommentarlos in die Küche und holte die schöne Kristall-Karaffe von Oma mit dem Sherry.

"Übrigens, Kompliment für deine Geschichte. Damit haben wir die Konkurrenz ganz schön abgebügelt", zwinkerte Joe seiner Kollegin nach der Redaktionskonferenz am nächsten Vormittag zu. "Dafür lade ich dich jetzt glatt zum Gummiadler in den 'Hähnchenkeller' ein. Du solltest das Angebot annehmen. Das Pils dort ist ausgezeichnet. Gott ist mein Zeuge: Thekentier Lucy macht die besten Bratkartoffeln der ganzen Stadt", tönte Joe laut über den Flur und schaute Eva verschmitzt an, während er sich den beigen Trenchcoat anzog. Und der Sekretärin rief er im Vorbeigehen zu: "Wenn jemand nach uns fragt, wir sind auf einem wichtigen Termin!"

Im Hähnchenkeller angekommen, orderte Joe erst einmal "zwei kühle Blonde und zwei Korn", bevor er sich mit Eva an den großen, runden Stammtisch pflanzte. "Spektakuläre Party neulich. Ganz großer Sport, Frau Kollegin. Und nun Prost auf die Schmonzette in unserer Hauspostille. Sie trägt zwar das Kainsmal der Lüge, hat aber ausgesprochen viel Unterhaltungswert. Ich kann mich des Eindrucks nicht erwehren, dass ich einer Edelfeder gegenüber sitze. Auf Edelfeder Edelmann", erhob Joe sein Glas und schepperte es gegen Evas.

"Das ist alles bis aufs letzte Komma ausrecherchiert. Diesen lila Latzhosen-Verein gibt's wirklich. Und sprayen tun die auch oft", grinste Eva von einem Ohr zum anderen und war sicher, dass Joe sie durchschaut hatte, sie aber bestimmt nicht verraten würde.

Die dritte Runde Bier mit Korn wurde fällig, als Thekentier Lucy die knusprigen Hühner mit Beilagen auftischte. "Prost, Frau Kollegin. Diesmal stoßen wir darauf an, dass man im Hähnchenkeller nicht nur dem schnöden Gefieder etwas näher kommt", sagte Schluckspecht Joe gackernd und rutschte Eva kauend auf die Pelle. So dicht, dass sie hören konnte, wie er den Brustknorpel des Hühnchens energisch zerknusperte.

"Endlich feste Nahrung. Ich bin schon ganz schön beschwipst. Merkst du denn überhaupt nichts? Zum Glück muss ich heute nichts Großes mehr schreiben."

"Sehr gut, Frau Kollegin. Dann nehme ich Sie mit auf Recherche. Dahin, wo sich das wirkliche Leben abspielt: In die Texas Bar. Sag' bloß, die kennst du nicht? Ein absolutes Muss für jeden Polizei-Reporter. Da liegen die Knaller-Geschichten geradezu auf dem Tresen. Der Laden ist einfach spektakulär. Außerdem gibt's dort auch ein sehr ordentliches Pils."

"Joe, du machst mich noch zum Trinker. Ich glaube, du bist kein guter Umgang für mich", schmunzelte Eva und lutschte sich die Fettfinger ab. "Also von mir aus kann's losgehen in die Unterwelt."

"Ja sofort, doch zuerst muss ich noch die Nasszelle aufsuchen. Die Natur fordert schon wieder ihren Tribut."

Gut gelaunt schwankten die beiden aus dem 'Hähnchenkeller' ins Freie, wo Joe wild gestikulierend das nächste Taxi abgriff:

"Zur Texasbar, junge Frau. Und zwar schnell. Hundert Jahre Knast warten auf uns."

Die Taxifahrerin warf ihren Kunden einen skeptischen Blick zu, denn sie kannte diese Adresse nur allzu gut. Wortlos schaltete sie den Gebührenzähler ein und bretterte bis ans andere Ende der Stadt. Nach einer halben Stunde stoppte sie direkt vor dem schon bei Tageslicht sehr zwielichtig aussehenden Etablissement. Davor stand ein ganzer Fuhrpark Luxusschlitten der auffälligeren Art: fette Chromstoßstangen, schrille Metallic-Lackierungen, blitzende Alufelgen. Und auf jedem zweiten Rücksitz knurrte ein Bullterrier mit Maulkorb. Von der allseits grassierenden Rezession war diese Branche offensichtlich bislang verschont geblieben.

Eva fand die Idee, den Nachmittag in der Bar ausklingen zu lassen, auf einmal nicht mehr so gut. Zu spät. Joe stolzierte zielstrebig Richtung Eingang, plusterte sich noch einmal kurz auf und schob sich dann breitschultrig und super cool durch die schwere Eisentür mit den Sicherheitsschlössern. "Am besten, man ist ganz lässig, wenn man diesen Kanalratten einen Besuch abstattet. Und du bleibst immer schön bei mir, Eva-Baby", sagte Joe und marschierte schnurstracks an die Bar, um dort den Eckhocker zu erklimmen. Eva schlich unsicher, aber neugierig hinter ihm her. Vorsichtig pflanzte auch sie sich auf einen dieser scheußlichen Barhocker mit zerschlissenem Skai-Bezug.

"Zwei Bier, zwei Korn", gab Joe seine altbewährte Bestellung bei der leicht geschürzten Bedienung auf und grapschte gierig in die verschmierte Schale mit den Erdnüssen. Eva fühlte sich noch nicht ganz so heimisch wie er und ließ ihren Blick möglichst unauffällig durch das Etablissement schweifen. Der Laden war gerammelt voll. Und Joe schien mit den hundert Jahren Knast, die hier täglich verkehrten, eher noch untertrieben zu haben. Zumindest die männlichen Gestalten sahen so aus, als hätten sie bereits die Muttermilch hinter Gittern eingesogen, oder zumindest ihren ersten Schnuller durch Geiselnahmen erpresst.

Da war zum Beispiel Wille, der auf dem Kiez mehr als zehn "Pferdchen" stehen hatte, die ihm in schwerer Nachtarbeit seine teuren Seidenanzüge, die fette Golduhr mit Brillis und die obligatorischen Lackslipper finanzierten. Wille galt als fürsorglicher und zuvorkommender Chef mit außerordentlich guten Manieren. Seine Haremsdamen ließen nichts auf ihn kommen, denn schließlich schlug er sie nur ganz selten und dann immer so, dass keine Narben zurückblieben. Was will man mehr? Ein toller Hecht! Der stolze Corvette-Besitzer wickelte täglich in der Texasbar seine florierenden Geschäfte ab. Dort tauchten seine Pferdchen nacheinander an der Rotlicht-Tränke auf, um den Liebeslohn brav abzuliefern. Doch Wille wollte sich nichts schenken lassen. Seine Gegenleistung bestand darin, die Damen mit seiner schlagkräftigen Truppe ritterlich gegen jeglichen Unbill zu schützen. Wie neulich gegen Glatzen-Mike, den Konkurrenten aus der Chérie-Bar. Dessen Versuch, Willes beste Stute im Stall abzuwerben, brachte ihm zwei Wochen Krankenhaus mit gebrochener Nase, zwei ausgetretene Goldzähnen und einen kleinen Stich zwischen die Rippen. Wille sah das Ganze eben rein marktwirtschaftlich! Spätestens seit dieser Aktion war Wille uneingeschränkter Herrscher im Milieu.

Luden wie der schöne Klaus oder Rocko, der Stier waren gegen ihn nur kleine Fische und mussten sich ein kleines Zubrot durch Einbrüche und diverse Hehler-Geschäfte verdienen. Feinen Zwirn konnten sich diese netten Herren nicht leisten. Ihre Status-Kleidung bestand aus preiswerten Jogging-Anzügen, dicken Blender-Doublé-Goldkettchen und weißen Cowboystiefeln. Auch sie waren vielbeschäftige Geschäftsmänner, die nur sehr selten Zeit fanden, im dunklen Hinterzimmer der Bar ihrer Poker-Leidenschaft zu frönen. Aber wenn, ging immer mächtig viel Geld über den Schmuddeltisch. Erst vor zwei Tagen hatte der schöne Klaus seinen feuerroten Ford-Mustang an den Professor verloren, der seine Haftentlassung nach drei Jahren mit einem Spielchen feiern wollte. Dumm gelaufen für den schönen Klaus, der jetzt täglich den Bus nehmen musste!

Aber nicht nur die Herren in der Bar hatten eine interessante Vita zu bieten. Nehmen wir beispielsweise Ninette mit dem violetten String und der schwarzen Lockenperücke: Als Mutter von drei entzückenden Kindern konnte sie immer erst ab 18 Uhr zum Dienst erscheinen. Ihr Job war es, die Gäste zum teuren Champagner zu verführen und sie später im Separee zu verwöhnen. Ihre

Grundsicherung vom Amt reichte nämlich nur dafür aus, ihren Mann Alex mit der Basisration Schnaps zu versorgen. Da war in der Texasbar schon mehr Kohle drin. Doch an den Umsatz von Andrea kam sie nicht heran.

Die hatte den Freiern schließlich auch weitaus mehr zu bieten: Ihre üppige Rubens-Figur, mit der sie die gierigen Männer schon beim Tabledance oder spätestens durch ausgefeilte Techniken in der Horizontalen fast zum Herzinfarkt trieb. Auf Wunsch auch in Leder, Latex oder Lack. Dominant oder devot, ganz egal. Bei Andrea standen die liebestollen Kunden immer gern Schlange.

Joe genoss es sichtlich, Eva sein Insider-Wissen über die Halbwelt mitzuteilen. Er kannte sie alle, und über jede dieser Kiez-Figuren wusste er, ob sie gerade aus dem Knast kamen, weshalb sie eingefahren waren und welche Rolle sie im Milieu spielten. Eva fand das alles sehr spannend und aufregend. Auch wenn Joe die eine oder andere Begebenheit lallend wiederholte, weil er mittlerweile total besoffen war.

"Joe, schrei' doch nicht so. Und zeig' nicht immer mit dem Finger auf die Typen. Die gucken schon so komisch", ermahnte Eva ihren Kollegen, der kaum mehr zu bremsen war.

"Was heißt hier nicht so laut. Das weiß doch jeder, was das hier für Kanalratten sind. Vor denen habe ich keine Angst. Die sollen nur kommen, diese koks-nasigen Möchtegern-Mafiosi. Ein Anruf von mir genügt, und die Bullen stürmen das Lokal. Sind doch eh alles Knastbrüder hier. Alle verhaften, alle verhaften!", grölte Joe lauthals und fuchtelte wild mit seinem Bierglas herum.

"Halt bloß die Klappe. Wir gehen jetzt besser", versuchte Eva ihren Begleiter ruhig zu stellen. Doch dafür war es bereits zu spät: Rocko, der Stier, ein Mann wie ein Kleiderschrank, kam direkt auf ihn zugewalzt. Mit seinen klo-deckelgroßen Pranken packte er Joe wortlos am Kragen, glotzte ihm tief-tumb in die Augen und knallte seine betonharte Stirn gegen dessen Geheimratsecken. Dem nicht genug, griff er noch nach Joes linker Hand und biss ihm mit lautem Geschrei direkt in den Mittelfinger, bis dieser auf Bananengröße anschwoll. "Und jetzt raus hier. Lass' dich nie wieder blicken!", beendete der Stier seine überaus beeindruckende Aktion.

Eva sammelte schnell die Überreste von Joe auf, hakte das lädierte Großmaul unter und schleppte die dicke Beule, die nur noch Sternchen sah, auf die Straße. Joe war plötzlich wieder total nüchtern und jammerte den langen Weg zum Taxistand vor sich hin: "Oooh, mein Kopf, mein Finger. Ich habe bestimmt eine Gehirnerschütterung und eine Blutvergiftung. Aber dafür wird dieser brutale Sack noch zahlen. Das verspreche ich dir, den mache ich fertig."

"Du? Du machst jetzt gar keine dicken Arme mehr und verhältst dich ganz ruhig", wies Eva den wimmernden Polizei-Reporter rüde in seine Schranken und verfrachtete ihn in ein Taxi.

Am nächsten Morgen erschien Joe nicht im Büro. Also fuhr Eva nach der Arbeit bei ihm vorbei, um sich nach dem Befinden des Maulhelden zu erkundigen. Unrasiert, mit verstrubbelten Haaren und einem Riesenhorn auf der Stirn bot Joe im gestreiften Frottee-Bademantel einen bemitleidenswerten Anblick. Aber es musste ihm schon wieder besser gehen, denn er machte gleich wieder große Sprüche: "Spektakulär, wie ich mich gestern geschlagen habe. Ich glaube, dem habe ich's richtig gegeben", strunzte er und streckte dabei seinen blutunterlaufenen Finger in die Luft.

"Du meinst wohl eher, wie DU geschlagen wurdest, und wie DER es dir gegeben hat," rückte Eva lachend den Sachverhalt gerade.

"Nun, wie auch immer. Zum Glück hatte ich wenigstens nicht viel getrunken, sonst hätte ich dich nicht so gut verteidigen können", brabbelte Joe und drückte sich vorsichtig einen Eisbeutel auf seine Beule.

Eva war völlig perplex über Joes Erinnerung an die Geschehnisse von gestern Abend und sie fragte sich, ob er nicht vielleicht doch einen leichten Dachschaden davongetragen hatte. Aber sie beharrte nicht länger darauf, ihn mit der unrühmlichen Wahrheit zu konfrontieren, zumal sie überhaupt nicht sicher war, ob Joe sie nicht einfach total auf den Arm nahm. Für einen verwirrten

Schwerverletzten grinste er nämlich ziemlich frech unter seinem Eisbeutel hervor.

"Vielleicht ist es deiner Aufmerksamkeit ja entgangen, aber die ganze Aktion war natürlich von vorne herein kalkuliert. Die Geschichte der Zechprellerei muss seit gestern Abend jedenfalls völlig neu geschrieben werden. Darauf müssen wir anstoßen, Frau Kollegin."

"Lieber nicht, ich nehme heute meinen alkoholfreien Tag. Aber wie wär's mit einem kleinen Happen?", wehrte Eva Joes Trinkangebot ab. "Hast du heute eigentlich schon irgendwas gegessen?"

"Um Himmelswillen! Ich bin doch schließlich krank. Da vertrauc ich ganz auf mein Hausmittel. Abends Bier und Korn, und morgens gleich wieder damit aufstehen. Da kann einem nichts mehr passieren."

"Das haben wir ja gesehen", lachte Eva und verschwand in Joes Küche, um wenigstens ein paar Eier in die Pfanne zu hauen.

"Spektakulär! Ganz großer Sport, deine Spiegeleier. Der Flurfunk meldet soeben: Die Lebensgeister kehren zurück. Und du könntest den Heilungsprozess noch mehr beschleunigen, wenn du ein bisschen näher rücken würdest. Ja, so ist es schon ganz gut. Noch ein bisschen, und noch ein bisschen. Nein, doch nicht auf meinen Finger. Willst du mich etwa zum Vollinvaliden machen? Ich lege das Ding einfach auf den Tisch. Komm' ruhig noch näher. Wunderbar. Und jetzt bleiben!"

Eva klebte wie ein siamesischer Zwilling an Joe und sie fand seinen eigenwilligen Annäherungsversuch eigentlich ganz angenehm.

"So, und was machen wir zwei Hübschen jetzt? Am besten ist, ich gehe ganz strategisch vor: Linker Arm um deine Schulter, den rechten müssen wir leider vorerst noch ausklammern. Der Mittelfinger, weißt du? Jetzt drücke ich dich etwas an mich, wegen der Tuchfühlung, du verstehst."

Die Art, wie Joe versuchte, sie zu verführen, war Eva absolut neu. Zwischen Verlegenheit und Amüsement schwankend, war sie auf das weitere Vorgehen des tapsigen Feldherrn gespannt. Wie würde er versuchen, sie zu erobern?

"So, der Anfang ist gemacht und der erste Etappensieg bereits errungen: Die Dame weicht nicht von meiner Seite. Kann ja eigentlich nichts mehr schief gehen. Weißt du was, ich küss' dich jetzt einfach", sagte er und tat's. Mit einer Inbrunst, die ihresgleichen suchte, mit einer Leidenschaft, die Eva gleichermaßen erstaunte und entzückte. Als er Minuten später wieder mit einer seiner langen Tiraden ansetzen wollte, um Eva seinen Verführer-Schlachtplan weiter zu erläutern, hielt sie ihm zärtlich den Mund zu und zog ihn auf den kuschelweichen Berberteppich, den Joe von seiner letzten Reportage im Nahost-Krisengebiet mitgebracht hatte. Mit den Worten "Spektakulär, ganz großer Sport" gab er seinen nicht ansatzweise vorhandenen Widerstand auf, ließ sich erobern. Und Eva erlebte zum ersten Mal, dass ihr durchgeknallter Kollege eine ganze Weile gar nichts mehr sagte.

17. Milchkaffee sucht Croissant

Es passierte jetzt immer öfter, dass Joe verstummte. Eigentlich fast jeden Tag nach Redaktionsschluss. Die Abende mit Joe liefen meist nach demselben Muster ab: Erst ein kleiner Zug durch die Gemeinde, wobei Eva sich immer köstlich über die Räuberpistolen von Joe amüsierte. Durfte sie seinen weitschweifigen Erzählungen glauben, hatte der findige Polizeireporter alle Schwerstverbrecher dieser Republik eigenhändig überführt und hinter Gitter gebracht. Und wenn sie dann kurz vor Mitternacht endlich allesamt im Knast saßen, weihte er Eva in die tieferen Geheimnisse der Bundesliga ein. Anschließend durfte "Frau Kollegin" ihn dann nachhause fahren, wo sich der coole Polizeireporter schnell in einen zärtlichen Schmusebären verwandelte. Für diese Metamorphose genügte ein einziger Kuss.

Apropos: Christine hatte schon seit Wochen keinen Schmatzer mehr bekommen. Und weit und breit war auch kein Frosch zu sehen, den sie hätte küssen können. So ging es auf keinen Fall weiter. Dieser unerträgliche Zustand musste unbedingt ein Ende haben! Doch weil Amors spitzer Pfeil bislang immer millimeterscharf an Christine vorbeigeflogen war, wollte sie sich nicht weiter auf die Fügung des Schicksals verlassen und nahm die Sache jetzt selbst in die Hand: "Ich gebe eine Kontaktanzeige auf. Und Eva muss mir dabei helfen, die findet doch immer die richtigen Worte."

Noch am selben Abend musste Eva antanzen. Sie hätte am liebsten auch Joe mitgebracht, weil der immer so originelle Formulierungen parat hatte. Aber der musste für ein paar Tage auf Dienstreise.

"Da muss unbedingt rein, dass ich auffallend hübsch bin, und natürlich sehr intelligent. Dabei häuslich und Nichtraucher. Er muss Kinder mögen und was auf dem Konto haben. Schließlich will ich ja nicht ewig in meiner kleinen Bude bleiben. Gut aussehen muss er auch unbedingt, aber kein verweichlichter Schönling. Und dann muss da auch noch rein, dass ich gut kochen kann und absolute Treue erwarte. Wenn er mich betrügt, kann er gleich wieder gehen. So, ich glaube, das ist das Wichtigste. Du musst das jetzt so schreiben, dass es auch gut klingt und ich jede Menge Mails bekomme. Ein Foto sollen die Typen auch mitschicken."

Eva fand die Idee, sich den Mann fürs Leben per Anzeige im Netz zu suchen eigentlich nicht schlecht. Doch so wie Christine sich das vorstellte, war sie nicht damit einverstanden: "Ich würde an deiner Stelle nicht so übertreiben und eher etwas Witziges schreiben."

"Wieso übertreiben? Ich habe die Hälfte noch gar nicht gesagt, sonst würde alles viel zu lang werden," zickte Christine und lief zum Spiegel, um sich noch einmal an ihren optischen Qualitäten zu ergötzen.

"Ja, ja, ist schon gut. Doch das mit dem "sehr intelligent' würde ich weglassen. Weißt Du, Männer mögen es nicht, wenn Frauen so verdammt schlau sind", flunkerte Eva ihre Freundin erfolgreich an.

"Vielleicht hast du da sogar recht. Dann schreib eben, dass er intelligent sein muss. Aber sexy auch."

Evas Auftrag als PR-Agentin für Christine war nicht leicht. Sie durfte weder zu sehr übertreiben, was die Vorzüge ihrer Freundin anging, noch zu sehr tiefstapeln. Schließlich wollte sie die Frau ja an den Mann bringen! Also formulierte sie unter Christines strenger Regie so:

Jetzt oder gar nicht... will ich meinen Millionär, damit ich endlich auch mal sein Geld zum Fenster hinauswerfen kann. Du siehst, na klar, auch noch blendend aus, bist sportlich, sehr tolerant, treu und hörst gerne zu. Du liebst – wie ich – romantische Abende zu zweit, aber auch heiße Disco-Nächte und träumst von einer zärtlichen Partnerin. Ich bin Ende 20 und arbeite ab und zu als Model. Trotzdem bin ich alles andere als arrogant, eher ein fröhlicher Typ zum Pferdestehlen. Wenn du mir ein Foto von dir schickst, schreibe ich dir zurück.

Eine schwere Geburt, dieser Text. Eva hätte ihn nicht so veröffentlicht, aber von manchen Übertreibungen verkaufsstrategischer Natur war Christine einfach nicht abzubringen. Und weil Christine befürchtete, dass vielleicht zu wenig Männer die Partnersuchseite im Internet anklicken, platzierte Eva die Anzeige auf ihren Wunsch zusätzlich in der dicken Samstagsausgabe ihrer Zeitung.

Kurz darauf trudelten die ersten Kandidaten im Mail-Postfach und im Briefkasten ein. Christine konnte es kaum erwarten, sie anzuschauen. Aber vorher sagte sie noch Eva Bescheid. Denn die sollte auf jeden Fall bei der Auswahl des Traumprinzen behilflich sein.

"Das ist kein Zufall, dass gerade sieben Männer geschrieben haben. Eine magische Zahl. Das bringt Glück", eiferte sich Christine.

Auch Eva war jetzt mächtig neugierig: "Mach' schon. Nimm diesen Brief hier zuerst. Edles Papier und eine sehr ausdrucksstarke Handschrift."

Andächtig und mit erhabener Miene setzte Christine mit dem Kartoffelschälmesser an, fischte das Schreiben aus dem Kuvert und legte es beiseite. Das Foto war ihr viel wichtiger. Sie hätte lieber den Brief lesen sollen. Das Passbild zeigte einen zirka 50-jährigen Glatzkopf mit verklemmtem Lächeln und langen Hasenzähnen.

"Igitt, der ist ja ekelig. Den schmeiß' ich gleich in den Müll. Unverschämtheit, ich habe doch geschrieben, dass er gut aussehen muss. So ein alter Bock. Nee, nee, das kommt gar nicht in Frage", schimpfte Christine, während Eva lachend einen Satz aus dem Brief zitierte:"... Bin zwar kein Millionär, aber Witwer und suche ein liebes Frauchen. Auch für meinen Schäferhund Hagen..."

"Christine, Du hast vollkommen Recht, der ist was für den Sondermüll. Der wird sofort entsorgt. Aber dieser hier sieht nett aus. Ein markanter, kerniger Typ. Wenn Joe nicht wäre, so einer würde mir auch gefallen."

"Oh ja, der ist echt gut. Und so muskulös. Richtig sexy!", schwärmte Christine von dem brünetten Enddreißiger in hautenger Lederhose und Jeanshemd. "Mal lesen was er schreibt: "Ich heiße Hans-Hermann Vielhuff, bin 39 Jahre alt, Allgemeinmediziner am Krankenhaus und suche meine Frau fürs Leben. Deine Anzeige hat mir sehr gefallen, denn du scheinst eine sehr sensible Frau zu sein, die sich gerne mal von einem starken Partner verarzten lassen möchte. Ich kann mir gut vorstellen, die richtige Pille für dich zu sein und biete dir weitaus mehr als den Placebo-Effekt. Wenn dir mein Foto gefällt, maile zurück oder rufe mich einfach an, damit wir uns zu einem Treffen verabreden können. Dein Hans-Hermann."

Sehr sympathisch was er schreibt, findest Du nicht, Eva? Mit Ärzten kenne ich mich sowieso gut aus. Wenn wir erst einmal unsere gemeinsame Praxis haben, mache ich ihm immer die Quartalsabrechnungen. Und dann noch dieser Knack-Po in den Lederhosen. Ich habe so ein Gefühl, dass Hans-Hermann etwas für mich ist. Der kommt in die engere Wahl", freute sich Christine und schloss die Mail vorsichtig.

Eva hatte schon mal vorgearbeitet und einen weiteren Brief aufgeschlitzt: "Auch nicht schlecht. Er ist Schauspieler am Theater. Das sind oft interessante Menschen mit Tiefgang und Bildung. Hör nur, was er schreibt: "... ich bin zwar nicht ganz Alec Baldwin, aber mit dir als Kim Basinger werde ich zumindest im Privatleben zu Oscar-Ehren kommen. Ich verspreche dir, jeden Tag mindestens einen der Millionen Sterne vom Himmel zu holen auch wenn eine Frau wie du bestimmt mehr Leuchtkraft hat als alle Planeten zusammen. Hoffentlich auf bald unbekannte Sternschnuppe, dein Claudius."

"Klingt echt süß, Eva, aber er hat ja kein Bild geschickt. Doch als Schauspieler muss er ja eigentlich gut aussehen. Wahrscheinlich ist er furchtbar berühmt und möchte nicht, dass ich ihn nur nehme, weil er ein Star ist. Claudius ist sicher auch ein falscher Name. Ich sehe mich jetzt schon mit ihm auf den Filmfestspielen in Cannes, auf vornehmen Premierenfeiern und Galadiners. Eine aufregende Verbindung. Eine echte Konkurrenz für meinen Arzt. Aber ich will mal nicht so sein und werde beiden Jungs eine Chance geben."

"Warte doch mal ab, was noch für Kerle dabei sind", bremste Eva die Euphorie ihrer Freundin mal wieder und streckte ihr eine ausgedruckte Mail entgegen, in deren Absenderfeld eine Adresse der Gaswerke stand. Sie stammte von Herbert, dem Sachbearbeiter aus der Zählerprüfstelle, Buchstabe A bis K. So nüchtern und langweilig wie sein Job, war auch sein Text verfasst. Schon bei der Lektüre der paar Zeilen schlief Christine das Gesicht ein und als sie sich sein Foto betrachtete war endgültig klar, dass dieser Mann mit den Segelohren und dem braun-gelben Pulli überhaupt nicht in Frage kam. Also landete Herbert schnurstracks neben dem Glatzkopf im Papierkorb. Dieses Schicksal teilten Minuten später auch die drei letzten Schreiber, die nichts zu bieten hatten als peinliche Rechtschreibfehler, eindeutige Angebote und indiskutable Visagen. Hyundai statt Mercedes. Ausschuss!

Bevor Christine ihre beiden Favoriten anrief, um sich mit ihnen zu verabreden, besprach sie mit Eva bei einer Tasse Kaffee die weitere Vorgehensweise: "Ein Erkennungszeichen, am wichtigsten ist ein Erkennungszeichen. Wie wäre es mit einer Blume? Er eine rote Nelke im Knopfloch, ich meine in der Hand."

"Nein, so doch nicht. Am besten ist, ihr tragt beide eine Zeitung unterm rechten Arm", riet Eva.

"Okay. Aber wo sollen wir uns treffen? Auf jeden Fall irgendwo, wo mich keiner kennt und wo die Beleuchtung stimmt. Schön schummrig muss es sein."

"Willst du beim ersten Treffen etwa gleich aufs Ganze gehen?"

"Quatsch, ich will mich nur von meiner besten Seite zeigen: Je dunkler das Licht, umso besser sieht man aus. Ist doch klar. Um Pickel und Falten muss man sich dann keine Sorgen machen. Diesen Trick solltest du eigentlich kennen", verpasste Christine ihrer Freundin einen kleinen Hieb.

"Danke! Sehr einfühlsam. Aber wahrscheinlich hast du sogar recht. Meinst du denn, es gibt auch ein Lokal, in dem es so dunkel ist, dass man deine Pölsterchen nicht sieht."

"Jetzt wirst du aber unsachlich. Sag' mir lieber, wo ich mich mit den Typen treffen soll!"

Eva schlug eines ihrer Lieblingslokale vor: Das Waldschlösschen am See. Damit war Christine auch sofort einverstanden: "Oh ja, das hört sich richtig romantisch an!", sagte sie begeistert und stürzte ans Handy, um ihrem Schicksal einen kräftigen Schubs zu geben. Sie bestellte beide Kandidaten für den kommenden Mittwoch. Den Schauspieler für 14 Uhr, den Arzt für 19 Uhr. Diese Zeit musste ausreichen, um die beiden intensiv abzuchecken und auszuloten. "Falls der Schauspieler nicht der Hit ist und mich langweilt, lege ich mich einfach ans Seeufer in die Sonne. Dann bin ich schon schön braun, wenn der Arzt auftaucht", plante die Arzthelferin weitsichtig ihre Rendezvous.

Wie verabredet trug Christine die Tageszeitung unterm rechten Arm. Sie nutzte die 15 Minuten bis 14 Uhr, um auf der Toilette noch einmal ihr Makeup zu überprüfen. Perfekt! Sie war sehr mit sich zufrieden. Die neuen Jeans-Hotpants standen ihr wirklich ausnehmend gut. Sexy und sportlich zugleich. Genauso wie das lockere Shirt. Die Turnschuhe gefielen ihr dazu nicht so gut, aber Eva hatte darauf bestanden. Wenn es nach Christine gegangen wäre, hätte sie lieber die roten Pumps angezogen. Doch Eva meinte, dass die zu ordinär aussähen. Auch der Pferdeschwanz war deren Idee. "Das sieht jung, frech und sehr sympathisch aus", hatte sie zum Abschied gesagt und ihrer Freundin noch viel Glück gewünscht.

Aber das war Christine jetzt auch egal. Ein letzter Blick in den Spiegel, nochmal schnell den verführerischen Kussmund geübt, die coole Sonnenbrille aufgesetzt und ab auf die Terrasse. Christine platzierte sich unter einem großen Sonnenschirm, der am äußersten Ende des Biergartens stand und versuchte, sich möglichst lässig zu geben. Vergebens. Sie wurde von Sekunde zu Sekunde nervöser und knabberte aufgeregt an den Fingernägeln. Die brütende Hitze des Sommernachmittages tat ihr übriges: Christine merkte, wie sich kleine Schweißtropfen unter der Nase und auf der Stirn sammelten. Und die Zeitung unter ihrem rechten Arm pappte feucht auf der Haut. Schnell legte sie sie beiseite und wischte die hartnäckige Druckerschwärze mit dem weißen Tischtuch ab. Als sie sich gerade mit dem Baumwollzipfel das Gesicht abtupfte, sah sie am anderen Ende der Sonnenterrasse einen Mann, der sich suchend umschaute.

"Oh Gott, ist er das? Bitte nicht diese kleine Fettqualle! Doch, doch, das muss er sein. Was mach' ich nur? Ich fall' gleich in Ohnmacht. Ja, das ist er wirklich, er hat eine Zeitung unterm Arm. Aber es ist der linke. Nein Quatsch, doch der rechte. Was trägt der denn da für eine komische rote Rolle mit sich herum?" panikte Christine und hätte sich am liebsten entmaterialisiert. Jetzt schien auch der Mann sie entdeckt zu haben, denn er kam direkt auf sie zu. Doch etwa zehn Meter vor dem Tisch blieb er stehen und rollte das rote Bündel direkt vor Christine aus. Dann setzte er zum Sprung an und machte einen Flickflack nach dem anderen bis ans Ende des roten Teppichs, wo er vor der staunenden Christine in die Knie sank und mit einem breiten Lächeln einen Blumenstrauß aus der Brusttasche zauberte.

"Sag' jetzt bitte nicht, dass du nicht Christine bist, sonst muss ich die ganze Nummer noch mal machen, und ich bin schließlich auch nicht mehr der Jüngste", schnaufte der kugelrunde Akrobat mit dem witzigen Mondgesicht und ließ sich auf den Stuhl neben Christine plumpsen, dass das Plastikgestell heftig vibrierte.

Christine saß da wie vom Donner gerührt und brachte vor Schreck keinen Ton heraus. Dieser fette Gnom war genau das Gegenteil von dem, was sie sich unter Claudius, dem Schauspieler vorgestellt hatte: Kaum noch Haare auf dem Kopf, und die paar zotteligen Strähnen, die er einmal quer vom linken Ohr zum rechten Ohr gekämmt hatte, waren auch noch fettig. Sein weißer, schlabbriger Leinenanzug musste dringend in die Reinigung und das geschmacklose Hawaii-Hemd spannte über seinem bleichen, haarigen Bauch. Dazu diese ekeligen Wurstfinger! Christine schüttelte sich innerlich und musterte die kleine Kugel fassungslos. Je länger sie ihn mit aufgerissenen Augen anstarrte, umso mehr kochte blanke Wut in ihr hoch. Und als er dann noch mit seinem verschwitzten Patschhändchen ihren Arm tätschelte, rastete die Enttäuschte total aus und fauchte los: "Ich glaub', ich bin im falschen Film. Oder in der Geisterbahn. Falls du überhaupt lesen kannst, ich hab' was von attraktiv geschrieben. Gutaussehend, verstehst'e? Stand da vielleicht was vom Glöckner von Notre Dame drin, du Dumpfbacke? Aber ich bin ja selber schuld, ich gutmütiges Tier. Wenn er schon kein Foto schickt."

"Aber, ich..."

"Halt die Klappe, du Heiratsschwindler. Wie kommst du eigentlich dazu, dich auch noch als Schauspieler auszugeben?"

"Jetzt warte doch..."

"Nix da! Bist du überhaupt in der Lage, mir auch nur einen vernünftigen Grund zu nennen, warum eine Frau wie ich, ein gefragtes Fotomodel mit TV-Erfahrung, sich mit einem versifften

Typen wie dir an einen Tisch setzen soll? Da kannst du dich noch so oft überschlagen und mir vor die Füße fallen. Und die dämlichen Blumen kannst du dir auch in deine Fetthaare schmieren!", versprühte Christine ihr Gift, "So, jetzt geht's mir besser. Und Tschüss! Auf Nimmerwiedersehen!", drehte sie sich schließlich auf dem Absatz um und rauschte ins Lokal Waldschlösschen.

Sie hörte nicht, was die auf Zentimetergröße geschrumpfte Kugel ihr schon die ganze Zeit zu erklären versuchte: "Ich bin doch nur der Freund. Claudius ist heute Morgen zur Filmpreis-Verleihung gefahren..."

Während der vermeintliche Claudius sein Schockerlebnis auf der Terrasse in Schnaps ertränkte, saß Christine grübelnd auf der rustikalen Eckbank unter dem Hirschgeweih im Lokalinnern und dachte über Evas Qualitäten bezüglich des Verfassens von Kontaktanzeigen nach. Und sie beschloss: "Wenn der nächste Typ genau so ein Reinfall wird, gebe ich ihm einfach Evas Telefonnummer." Ihre primitiven Rachegelüste wurden jedoch im selben Moment von einem freundlichen "Guten Tag" unterbrochen. "Gehe ich recht in der Annahme, dass Sie Fräulein Christine sind?"

"Ja", hauchte Christine und ihre Miene hellte sich angesichts der vor ihr stehenden Gestalt sofort wieder auf. Dieser Mann war schon eher nach ihrem Geschmack.

"Gestatten, Vielhuff, Dr. Hans-Hermann Vielhuff", stellte sich das zweite Date formvollendet vor und setzte sich. "Entschuldigen Sie bitte, dass ich viel zu früh bin. Aber es hat sich mehr als gelohnt. Sie sind ja noch hübscher, als Sie es in Ihrer Annonce angedeutet haben. Erzählen Sie mir doch ein bisschen über sich, damit ich Sie etwas kennenlerne", schlug der attraktive Mann mit den schönen schmalen Händen vor und zündete sich seine Pfeife an.

"Sie rauchen? Als Arzt?"

Mit geheimnisvollem Augenaufschlag raunte der Mediziner: "Ja, manchmal haben auch wir Weißkittel etwas Lasterhaftes", und schaute Christine dabei abgrundtief in die Kontaktlinsen. Bei Christine stellten sich unweigerlich die Nackenhaare auf – vor

Entzücken! Diese Stimme, diese Art sich auszudrücken, und überhaupt diese ganze Erscheinung. Ein Volltreffer!

"Etwas Lasterhaftes? Wie interessant. Sie fahren also ein Lastkraftauto", versuchte Christine die etwas verkrampfte und für sie ungewohnte Situation durch einen kleinen Scherz aufzulockern.

Hans-Hermann lächelte höflich. Schließlich benötigte er für seine Zwecke keine Intelligenzbestie.

"Sagen Sie Hans-Hermann, haben Sie schon einmal auf eine Anzeige geantwortet oder selbst eine aufgegeben? Für mich ist es das erste Mal. Aber ich finde das ungeheuer aufregend."

"Ich bin auch blutiger Anfänger auf diesem Gebiet. Denn bis vor ein paar Monaten war meine persönliche Situation noch eine völlig andere. Ich war verheiratet. Dann verließ mich meine Frau, und seitdem bin ich doch etwas einsam."

"Wie konnte sie sich nur von so einem sympathischen und gutaussehenden Mann trennen?"

"Wir hatten zum Schluss einfach verschiedene Vorstellungen und Vorlieben. Es fehlte vor allem die Toleranz. Die hoffe ich nun bei Ihnen zu finden, Fräulein Christine", erklärte Hans-Hermann ganz offen.

"Sie machen mich ja ganz verlegen, Herr Doktor. Aber ich könnte ihnen stundenlang zuhören."

Doch dazu sollte es an diesem Abend nicht mehr kommen: Das Notfall-Handy des Krankenhausarztes unterbrach das vertraute Gespräch mit grellem Ton. "Ein Notfall, ausgerechnet jetzt, wo wir uns gerade etwas näher gekommen sind. Ich muss leider sofort in die Klinik. Aber wenn Sie erlauben, würde ich Sie gerne morgen anrufen, Fräulein Christine", verabschiedete sich der Doktor mit einem Handkuss und entschwand in Richtung Parkplatz, wo schon sein silbergrauer Jaguar wartete.

Christine machte sich ebenfalls auf den Weg, der über die Sonnenterrasse führte. Dort hing ganz hinten in der Ecke der Flickflack-Künstler. Vor sich eine ganze Batterie leerer Schnapsgläser. Als er Christine hocherhobenen Hauptes sah, wurde er schlagartig für einen Augenblick nüchtern und zuckte zusammen. Als hätte er den leibhaftigen Teufel erblickt.

Christine würdigte ihn keines Blickes. Sie hatte es eilig, denn sie musste Eva sofort von Hans-Hermann berichten: "...Und so was von höflich, sage ich dir. In den könnte ich mich glatt verlieben. Morgen Abend will er anrufen. Ich kann es jetzt schon kaum erwarten."

"Hans-Hermann heißt der? Ziemlich bescheuerter Name, oder? Naja, wem's gefällt. Und steigere dich da nicht schon wieder so rein, hörst du. Ihr habt euch schließlich nur ein paar Minuten unterhalten", ermahnte Eva vorsichtig ihre Freundin am Telefon.

"Trotzdem, ich habe ein gutes Gefühl bei der Sache. Du wirst schon sehen, das ist nicht nur einer fürs Bett. Mit dem kann ich auch reden. Jetzt muss ich aber Schluss machen und für ein paar Stunden im Bad verschwinden. Ich will einfach umwerfend aussehen, falls wir uns morgen treffen. Ich halte dich auf dem Laufenden. Und grüß' Joe von mir. Tschüss."

Von Joe hatte Eva eigentlich gerade erzählen wollen. Weil sie sich mit ihm zum ersten Mal richtig gezofft hatte. Nur wegen dieser blöden Haut auf dem Milchkaffee. Der locker-witzige Joe konnte nämlich manchmal ein ganz schöner Pedant und Nörgler sein. Doch mit diesem kleinen Alltagsproblem musste Eva wohl mal wieder alleine fertig werden. Denn immer wenn Christine verknallt war, fand nur das Objekt ihrer Begierde ein Plätzchen in ihren verwinkelten Hirnwindungen.

So schnell hatte Eva dann doch nicht mit Christines neuem Situationsbericht gerechnet. Der kam nämlich schon nach etwas mehr als 24 Stunden und war so haarsträubend, dass sich Eva sämtliche frischlackierte Fußnägel hochrollten:

"Angefangen hat's ja ganz harmlos bei ihm in der Wohnung. Er hat mir was zu trinken angeboten. Und gut sah er auch aus in seinem schwarzen Lederdress mit zurück gegelten Haaren. Wir haben uns recht nett unterhalten – zuerst. Dann wollte er mehr. Ich war auch nicht gerade abgeneigt. Also haben wir geschmust, geknutscht, gefingert. War eigentlich ganz schön. Bis wir im Schlafzimmer landeten. Da hatte Hans-Hermann plötzlich Handschellen in der Hand und sagte: 'Christine, fessele mich!' Ich dachte, der macht 'nen Witz und musste erst mal lachen. Aber das ist mir schnell vergangen. Hans-Hermann hatte auch noch 'ne Peitsche. Die hat er mir direkt vor die Nase gestreckt und blöd rumgekeucht 'Schlag mich, Herrin, bitte schlag' mich. Naja, dann hab' ich ihm halt voll eine übergebraten. Das Schwein wollte aber immer mehr. Und fotografieren sollte ich ihn auch noch dabei. Aber ich steh' nicht auf so was, bin doch nicht pervers. Dass ich gerade an so einen geraten muss! Und Eva, ich sag' dir, man hat es ihm wirklich nicht angesehen."

"Wahnsinn! Und warum bist du nicht so schnell wie möglich abgehauen?", fragte Eva voller Anteilnahme und Neugier.

"Du hast leicht reden, bin ich doch. Das war aber gar nicht so einfach. Ich habe diese Scheiß Handschellen zuerst nicht aufbekommen. Und die Schwesterntracht musste ich ja auch noch ausziehen!"

"Warst du gefesselt?"

"Nein, das sollte ich doch mit dem abartigen Hans-Hermann machen. Du verstehst ja auch gar nichts!", echauffierte sich Christine über ihre unwissende Freundin. "Mit den Dingern musste ich ihn doch ans Bett ketten."

"Ich denke, du magst so'n Sado-Maso-Kram nicht!"

"Natürlich nicht. Deshalb habe ich ja den perversen Heini mit seinen Handschellen am Heizungsrohr fixiert. Und dann nix wie weg. Der hat vielleicht gejammert. Egal, dachte ich, dir verpasse ich gleich noch eins. Gesagt, getan: der Schlüssel zu den Handschellen liegt jetzt im Briefkasten seiner Nachbarin. Und fotografiert habe ich ihn natürlich auch noch. Genauso, wie er es wollte. Allerdings mit seinem Handy und das Foto ging postwendend an all seine Kontakte. Schade, er hat auf keinem Bild", erzählte die sehr mit sich zufriedene Rachegöttin.

"Nicht schlecht! Vielleicht findet der arme Hans-Hermann ja auf diesem Wege eine Gleichgesinnte, die mit ihm Entfesselungsspiele betreibt."

Die sadomasochistische Episode mit Hans-Hermann hatte Christine doch einigermaßen frustiert und sie schwor sich: "Nie wieder ein Mann per Anzeige!" Doch diesen Vorsatz warf unsere Arzthelferin sofort wieder über Bord, als ihr noch einmal drei Kandidaten ins Haus flatterten. Den bulligen Metzgermeister und den Oberstudienrat mit Nickelbrille löschte sie gleich. Doch Axel konnte vor ihren überaus kritischen Augen bestehen. Da war zum einen seine durchaus sympathische Erscheinung. Er wirkte auf dem Foto groß und schlank, dabei gut proportioniert und sportlich. Seine Haare trug er mittellang mit Seitenscheitel. Und am besten gefiel Christine sein spitzbübisches Lächeln. Fototechnisch hatte Axel schon gewonnen. Und er wusste, wie man Frauenherzen erobert: Seiner knappen Mail hatte er sogar ein selbstgemachtes Gedicht beigelegt: "Das eben ist der Liebe Zaubermacht, dass sie veredelt, was ihr Hauch berührt, der Sonne ähnlich, deren goldener Strahl selbst Gewitterwolken in Gold verwandelt."

Christine war entzückt. Sie verstand zwar nicht ganz, was die paar schwülstigen Zeilen ihr genau mitteilen sollten, aber die wohlgewählten Worte hörten sich ungeheuer romantisch an. Diesen Axel wollte sie auf jeden Fall kennenlernen. Und weil er seine Handynummer mitgeschickt hatte, rief sie ihn gleich an.

"Ja, hallo! Spreche ich mit Axel?"

"Klaro, und wer ist da?"

"Die Frau, der du dieses wunderschöne Gedicht geschickt hast."

"Gedicht? Ach so, klar. Klar, das Gedicht."

"Ich bin Christine. Und natürlich hat mir nicht nur dein Gedicht gefallen. Auf dem Foto siehst du echt nett aus."

"Klaro, das höre ich öfter. Was hast du denn so zu bieten?"

Spätestens nach diesem Satz hätte Christine eigentlich merken müssen, dass Axel nichts mit einem sensiblen Poeten gemein hatte.

"Äußerlich würden wir bestimmt gut zusammen passen. Und was machst du beruflich? Ich bin Arzthelferin."

"Den ganzen Tag nur Kranke, das wäre nichts für mich. Ich mach' einen auf Fernsehen."

"Fernsehen?", freute sich Christine und hoffte im selben Moment auf eine Fortsetzung ihrer nicht gerade steilen Fernsehkarriere. "Wie aufregend! Vor oder hinter der Kamera?"

"Mmh, eigentlich mehr vor der Glotze", druckste Axel herum. "Und was machst du da?"

"Gucken. Und nebenbei Computer."

Christine merkte immer noch nicht, dass ihr Gesprächspartner am anderen Ende der Leitung die Intelligenz nicht gerade mit Löffeln gegessen hatte. Sie glaubte doch tatsächlich, Axel würde aus Bescheidenheit nichts Näheres über seinen tollen TV-Job sagen. Die wird sich noch wundern!

"Sag' doch schon, was du arbeitest."

"Arbeit ist doch nur was für Leute, die zu blöd sind, Stütze zu kassieren. Ich hab' mit der Maloche schon vor Jahren aufgehört."

Jetzt hatte es auch Christine geschnallt: Axel war kein Fernsehproduzent, sondern lediglich Konsument. Wie aus dem Bilderbuch, mit Bierflasche und Kartoffelchips. Aber das konnte sie zum Glück nicht durchs Telefon sehen. Noch überwog deshalb bei ihr zu diesem Zeitpunkt das Mitleid mit dem armen Arbeitslosen.

"Wie schrecklich, aber du findest bestimmt bald wieder einen Job", versuchte sie Axel aufzumuntern.

"Das mit dem Job kann warten. Was ich brauche, ist 'ne heiße Braut wie dich."

"Ach deshalb hast du mir auch das nette Gedicht geschrieben."

"Geiler Spruch, 'ne? Habe mir gedacht, dass Weiber auf so was abfahren. War die Lösung aus dem Kreuzworträtsel in der Bildzeitung. Und Benno hat auch gesagt, dass so'n Gesülze gut antörnt."

Christine war jetzt doch leicht irritiert. Langsam gefiel ihr der nette Axel gar nicht mehr so gut.

"Benno? Wer ist das denn? Und was hat der mit deinem Gedicht zu tun?"

"Benno ist ein Kumpel von mir. Der hat mir mit der Mail geholfen. Aber ist doch egal, wo du jetzt schon mal an der Strippe bist. Wann sollen wir uns treffen?"

"Moment mal, Axel. Deine Mail ist von einem gewissen Benno. Dein Gedicht aus dem Kreuzworträtsel. Und auf dem Foto, bist das wenigstens du?"

"Also, wenn du so fragst, nicht direkt. Aber ich sag' dir, wenn ich ein bisschen trainiere und meine Zähne gerichtet kriege, dann könnten wir glatt Zwillingsbrüder sein. Kannst dich ja selbst überzeugen. Also, wann kommst du mal vorbei, damit ich dich anschauen kann?"

"Diese Woche kann ich auf keinen Fall, aber ich meld' mich wieder, tschüss", fauchte Christine. Für diese Unverschämtheit sollte er büßen, leiden – und das auf der Stelle. Da Axel ja nicht zur Stelle war, druckte sie sein getürktes Foto aus und zerriss es feinsäuberlich in lauter kleine Schnipsel. Angeekelt von dem hohlen Fiesling warf sie seine Einzelteile in den Aschenbecher und machte ihm mit einem stinkigen Grillanzünder tüchtig Feuer unterm Hintern. In den letzten Zuckungen liegend, sorgte der falsche Foto-Axel im Aschenbecher noch für eine kleine Stichflamme. Womit sich nicht zuletzt auch die Frage, ob Christine morgen ihren zu langen Pony beim Friseur schneiden lassen sollte, fürs Erste erledigt hatte.

18. Der flotte Dreier

Klar, dass Christine mehr als frustriert war. Zehn schlappe und miese Bewerber auf eine verheißungsvolle Annonce - ein verdammt schlechter Schnitt. Wenn schon kein normaler Mann auf dieser Welt sie wollte, Eva war immer für sie da und musste sie ab jetzt jeden Abend mit in ihr Programm einplanen. Joe hatte zum Glück nichts dagegen. Im Gegenteil, er fühlte sich wie der Hahn im Korb und genoss es, überall mit "seinen" zwei Frauen aufzutauchen.

Lustig war es jedenfalls immer, wenn das Trio die Stadt unsicher machte. Ob Joe zur allgemeinen Erheiterung im Karaoke Schuppen um die Ecke seinen berühmt-berüchtigten Hans Albers zum Besten gab oder nächtens Passanten aus seinem Wohnzimmerfenster heraus mit wassergefüllten Noppen-Kondomen beglückte. Sehr beliebt war auch Joes Schwimmbad-Auftritt im gestreiften Badeanzug aus Uropas Zeiten. Mit diesem Geschirr erklomm er todesmutig und mit Siegermiene den bedrohlichen Drei-Meter-Turm und segelte aus schwindelnder Höhe leicht wie eine Feder in die Fluten, ohne bei der Landung die Schwimmflügel auch nur mit Wasser zu benetzen.

Auch seine verrückten Wetten entbehren nicht eines gewissen Humors. Eva und Christine fielen jedenfalls immer wieder drauf herein und mussten dem Wettsieger dann abwaschen, bügeln oder einen Kasten Bier vorbeibringen. So wie neulich, als Joe sagte: "Wetten, dass ich heute Nachmittag eine Bank überfalle." Die beiden Mädels lächelten nur und hielten Joe jetzt für vollkommen übergeschnappt. "Okay, die Wette gilt. Pack' schon mal deinen Werkzeugkasten ein. Bei mir tropft immer noch der Wasserhahn in der Küche und Christines Bügeleisen hat 'nen Wackelkontakt", regelte Eva den Wetteinsatz. Minuten später waren beide Frauen Augenzeugen von Joes Banküberfall, der so ablief: Lässig ging er auf die Dame hinter dem Kassenschalter in der Sparkasse zu, griff mit der rechten Hand in seine Trenchcoat-Tasche, zückte eine gefährliche Banane und zischte mit ausländischem Akzent: "In dieserr Banane ist ein Rrevolver verrrsteckt. Geld herr, oder Hände hoch!" Die Kassiererin blieb wie versteinert stehen und starrte auf die gelbe Südfrucht. Doch da kam schon der Filialleiter angeeiert und schlug Joe mit der flachen Hand kräftig auf die Schulter. Eva und Christine hielten vor Schreck den Atem an und sahen sich bereits Care-Pakete in den Knast schicken. Gleich würden Sirenen losheulen und schwerbewaffnete Polizisten die Sparkasse stürmen. Von wegen! "Ey Joe, alter Scherge, hast du die Branche gewechselt und machst jetzt in Obst?", scherzte der Bank-Boss und nahm Joe die Waffe weg. Die Kassiererin, die Redakteurin und die Arzthelferin standen da wie angewurzelt und kapierten gar nichts mehr. Sie konnten ja nicht wissen, dass der Banker und Joe alte Freunde waren und Joe jedes mal die Bank überfiel, wenn eine neue Kassiererin eingestellt worden war. Nur die Nummer mit der Banane war neu; sonst hielt der Gangster die Leute immer mit einem Wiener Würstchen in Schach.

Alles was recht war, diese Wette hatte Joe hundertprozentig gewonnen. Ohne großes Murren machten sich also Eva und Christine an die Arbeit in der Garage. Dort wartete schon Joes schnittiger Audi TT in bordeauxrot mit Alufelgen auf die beiden. "Und dass ihr mir ja nicht den Lack verkratzt, hört ihr?", ermunterte der Wettsieger seine Lakaien zur Putzorgie. Die Frauen wischten, shampoonierten, saugten und polierten stundenlang, was das Zeug hielt. Bis Joe gönnerhaft die Session in der Garage abbrach: "Spektakulär! Noch nicht ganz perfekt, aber wir drei Hübschen sollten uns jetzt ein Päuschen gönnen. Wie wär's mit den gemütlichen Altbierstuben?"

Die Gummihandschuhe waren schnell in die Ecke gepfeffert und ab ging's zum Fluten in Joes Stammkneipe, wo die Drei noch einmal den spektakulären Banküberfall mit verteilten Rollen rekonstruierten. Als Faustfeuerwaffe musste diesmal eine schrumpelige Salatgurke aus der Küche herhalten. That's Entertainment!

"Meine beste Geschichte kennt ihr ja noch gar nicht, Mädels. Oder hab' ich euch schon von der spektakulären Fußballwette erzählt?", fragte Joe in die amüsierte und alkoholisierte Lokalrunde und legte los: "Also, das war so. Mein Chef, ein absoluter Schwarz-Gelb-Fan und Laie in Sachen rundes Leder, behauptete doch allen Ernstes, dass seine Schnarchnasen auf dem Rasen

Meister würden. Ich habe natürlich dagegen gehalten. Immerhin fehlte meinen Kickern von Rot-Weiß nur ein Gewinnpunkt zur Trophäe. Also habe ich mit ihm gewettet, dass ich die Jungs persönlich zur Nummer eins mache. Stellt euch vor: 60 000 Fans, das Stadion brodelt, ein wahrer Hexenkessel. Ich auf der Reporter-Tribüne. Dann Anpfiff. Meine Mannen geben ihr Bestes. Trotzdem in der Halbzeit null zu null. Scheiße, denke ich mir, Einsatz ist gefordert. Ich nicht blöd, mogele mich in die Kabinen, streife mir das rot-weiße Trikot über. Jetzt pfeift der Trainer alle zurück auf den Platz – und ich dribbele mit. Merkt in dem Getümmel auch niemand. Mindestens zehn Minuten halte ich das rasante Tempo mit. Und dann, mein Einsatz. Eine Flanke vom Rechtsaußen landet direkt vor meinen Füßen. Kleine, gekonnte Drehung, dann stehe ich mit dem Torwart Aug' in Aug'. Ich, nicht lang gefackelt und das Leder mit einem Mords Wumm in die linke obere Ecke des Tors. Ein Aufschrei aus 60 000 Kehlen. Alle elf Kameraden fallen mir um den Hals. Plötzlich fragt einer: 'Wer bist Du eigentlich?' Meine coole Antwort 'Euer heiliger Ball-Patron, wer sonst?!' Tja, und dann war die One-Man-Show auch schon vorbei. Und link wie die Schwarz-gelben-Brüder sind, haben sie protestiert. Das Tor wurde für ungültig erklärt. Sonst wären wir jetzt Meister und ich Ehrenvorsitzender vom Verein."

Die grölende Lokalrunde machte vor Begeisterung jetzt mindestens genauso viel Lärm wie ein vollbesetztes Stadion, und Christine und Eva wischten sich die Lachtränen von den Wangen. Joe fand seine Geschichte auch nicht schlecht und hielt mit selbstgefälligem Lächeln Hof inmitten seiner Fangemeinde. Diese wiederum belohnte den Lügenbaron mit einer Schnapsrunde nach der anderen. Kurz vor Mitternacht, der Wirt von den Altbierstuben hatte kaum noch Getränke-Vorräte im Kühlschrank, verabschiedete sich Eva: "Seid mir nicht böse aber ich muss jetzt in die Falle. Ich habe morgen früh 'nen wichtigen Interview-Termin. Tschüss, Schnurz", drückte sie ihrem Großmaul einen Gute-Nacht-Schmatzer auf die Nase. "Und Du, Christine, pass' mir bloß gut auf Papa Joe auf."

Das war auch bitter nötig, denn der bestellte bereits die nächste Runde und seine rote Schnapsnase sprach Bände.

"Mensch Joe, Du ruinierst mit deinen Witzgeschichten jedes mal mein Makeup, weil du mich ständig zum Heulen bringst. Jetzt schau dir mal das an!", tadelte Christine mit gespielter Empörung den Alleinunterhalter, während sie die dicken Mascara-Balken unter ihren Augen mit der Papierserviette bearbeitete.

"Oh, das bedaure ich zutiefst. Ich bitte gnädigst um Verzeihung, Teuerste. Lass' doch mal sehen", grinste Joe verschmitzt, rutschte ein bisschen näher und guckte der Freundin seiner Freundin tief in die Augen. "Weißt Du eigentlich, dass du überall kleine grüne Sternchen in deinen blauen Augen hast? Spektakulär, ganz großer Sport! Die muss ich sofort zählen. Vielleicht fällt ja sogar 'ne Schnuppe für mich ab. Du weißt, was das bedeutet: Dann darf ich mir was von dir wünschen!" Joes Nase berührte jetzt fast Christines Wange.

"So ein Quatsch, in meinen Augen ist überhaupt nichts, was da nicht hingehört. Aber wenn du schon Sternchen siehst, sollten wir vielleicht besser nach Hause gehen. Oder nimmst du mich etwa schon wieder auf den Arm? Also wirklich, Joe, du bist echt ein Scherzkeks. Manchmal könnte ich richtig neidisch werden auf Eva. Die hat so einen Dusel, dass sie dich hat. Männer mit Humor und Phantasie gibt's ja kaum noch. Und auf dem freien Markt schon gar nicht."

"Tja, das hast du vollkommen richtig erkannt. Ich bin in der Tat ein Glücksfall für Eva. Aber manchmal habe ich den Eindruck, dass sie das gar nicht zu schätzen weiß. Sie guckt mich dann immer so komisch an, als würde ihr irgendwas an mir nicht passen. Ich glaube, Tini, du bist humorvoller, ja, ich möchte fast sagen, verständnisvoller als Eva." Joe war mit diesem Satz mal wieder etwas näher gerückt und klebte fast an Christine, die keine Ausweichmöglichkeit mehr hatte, weil die Sitzbank zu Ende war. Bei der Arzthelferin blinkten nun die ersten Warnsignale auf.

"Nee, nee, Joe, da täuscht du dich aber gewaltig. Eva ist die verständnisvollste Frau, die ich kenne. Und dass sie dich ab und zu vielleicht mal komisch ansieht, liegt an deinen Phantasie-Geschichten. Ist ja auch egal. Ich denke, es wäre jetzt sowieso besser, wir gehen. Schließlich ist es auch schon verdammt spät."

"Nun sei doch nicht so ungemütlich, Christine. Komm' schon, nur noch ein schnelles Pils als Absacker. Charly, ein Pils, ein Korn und einen Sekt für die Dame. Ist doch nett so, mal nur wir beide. Da haben wir endlich Gelegenheit, uns etwas besser kennenzulernen." Wie zufällig legte Joe dabei seine Hand auf die von Christine. Und den komischen Blick hatte nun er.

"Also gut, dann eben noch einen Absacker. Ich habe Eva schließlich versprochen, auf dich aufzupassen. Aber dann gehen wir sofort, abgemacht? Außerdem finde ich, dass wir uns schon ziemlich gut kennen. Gut genug jedenfalls", versuchte Christine die Situation zu entschärfen und befreite ihre von Joe in Beschlag genommene Hand, um das wieder mal recht tiefe Dekolleté etwas zu verdecken.

Verflixt, Christine steckte echt in der Klemme. Was sollte sie bloß machen? Wenn Joe vorhatte, was sie glaubte, dass er vorhatte, dann braute sich hier gerade ein großer Skandal zusammen. Ach was, eine riesige Katastrophe! Wenn Joe nun aber gar kein Lüstling, sondern einfach nur besoffen war, und dadurch den harmlosen Small Talk nicht mehr so richtig hinkriegte, dann würde sie ihn in fünf Minuten aus dem Lokal bugsieren, und morgen wäre alles wieder beim alten, die Tätschelei vergessen. Ein frommer Wunsch!

"Tini, du darfst nicht so streng mit mir sein. Und können wir nicht für einen Augenblick Eva vergessen? Merkst du denn nicht, Tini, wie sehr du mein Blut in Wallung bringst? Du bist einfach eine Frau, bei der jeder Mann seinen Verstand verlieren muss. Und du weißt das auch ganz genau, nicht wahr?" Joe legte jetzt seinen Arm um Christine, die sich wie im Schwitzkasten fühlte.

"Sag' mal, du spinnst wohl. Du bist ja total übergeschnappt. Lass' mich sofort los und halt die Klappe. Du weißt doch gar nicht, was du da redest, du Schwachkopf." Christine war starr vor Schreck und ihre Stimme überschlug sich. Doch während sie versuchte, sich Joes Grabschhände vom Leib zu halten, redete er sich um Kopf und Kragen.

"Aber Tini, du musst doch längst gemerkt haben, dass ich schon die ganze Zeit verrückt nach dir bin. Und wenn du ehrlich bist, geht es dir auch so. Oder warum sonst bist du in den letzten

Wochen immer mit uns um die Häuser gezogen. Gib's doch zu. Du willst mich genauso, wie ich dich. Tini, heute Nacht ist die Gelegenheit, die Nacht aller Nächte, und Eva muss davon ja nie etwas erfahren. Es bleibt unser kleines Geheimnis. Wie aufregend!", flüsterte Joe seiner Tischnachbarin verheißungsvoll ins Ohr.

"Du Schwein!" war alles, was Christine noch herausbrachte. Dann fuhr sie dem netten und ach so witzigen Joe mit ihren langen pinkfarbenen Acryl-Krallen einmal quer durchs Gesicht, sprang auf und rannte aus dem Lokal.

"Ich muss sofort zu Eva", war ihr erster Gedanke in der frischen Nachtluft. Ihr zweiter Gedanke jedoch war: "Ich rufe sie vielleicht doch besser erst morgen an, wenn sie ihren wichtigen Termin hinter sich hat." Ihr kam noch ein dritter Gedanke: "Ich brauche schnell ein Taxi, bevor Joe aus der Kneipe kommt. So wie der sich heute Abend aufgeführt hat, schleift er mich wie King Kong in seine Bude."

Am nächsten Morgen wurde Eva von einem rhythmischen Klingeln aus dem Schlaf gerissen. Es dauerte einen Moment, bis sie kapiert hatte, dass es nicht der Wecker, sondern das Handy war, was da so aufdringlich schrillte. Erst 6.30 Uhr und Eva hätte eigentlich noch eine halbe Stunde schlafen können. Dementsprechend sauer hob sie den Hörer ab. "Ich hoffe, Sie haben eine wirklich gute Entschuldigung, mich mitten in der Nacht anzurufen!", muffelte sie in die Leitung.

"Eva? Ich bin's, Christine. Erinnerst du dich? Deine beste Freundin. Und meine Entschuldigung ist mehr als gut, darauf kannst du Gift nehmen."

"Was um Gottes Willen ist denn passiert? Du klingst ja total fertig."

"Richtig. Das bin ich auch, ich hab' heute Nacht nicht ein Auge zugemacht. Kein Wunder, nachdem was gestern los war."

"Was denn? Nun sag' doch schon. Ist etwa was mit Joe?", fragte die Ahnungslose.

"Ja, das kann man wohl sagen. Eva, ich will dir das jetzt aber gar nicht am Telefon erzählen. Wir müssen uns heute in der Mittagspause unbedingt treffen. Kannst du mich um eins in der Praxis abholen?"

"Sag' jetzt sofort, was los ist. Ist Joe vielleicht etwas passiert, ist er wieder zusammengeschlagen worden?"

"Ihm was passiert? Wie wär's denn, wenn du mal fragst, ob mir was passiert ist? Ohne Quatsch, um Joe solltest du dir wirklich keine Sorgen machen. Er ist okay und hat auch gar nicht verdient, dass du dir um ihn Sorgen machst. Aber das will ich dir alles heute Mittag erzählen. Sag' mal, wirst du Joe vorher in der Redaktion treffen?"

"Nein, so wie es aussieht, sehen wir uns erst gegen Abend im Büro. Aber wenn du mir jetzt nicht sagst, was los war, rufe ich ihn sofort an und quetsche ihn aus. Du machst mir ja richtig Angst mit deinen obskuren Andeutungen."

"Obskur? Wieso, ich habe doch nichts Unanständiges gesagt."

"Tini, Du verwechselst das jetzt mit obszön. Also erzähl, los, los", bohrte Eva ungeduldig weiter.

"Heute Mittag, wirklich. Nur soviel: Joe ist ganz anders als er scheint. Und jetzt gehe ich unter die Dusche. Tschüss, bis um eins."

Christine legte schnell auf, bevor Eva noch etwas sagen konnte. Sie reagierte auch nicht auf das endlose Handygeklingel, dass ein paar Sekunden später durch ihre kleine Wohnung hallte.

Eva war pünktlicher, als es sonst ihre Art war. Kurz vor eins saß sie schon im Wartezimmer von Dr. Weber. "Gehen wir zum Italiener?", schlug sie vor, als Christine endlich hereinkam.

"Lieber in den Stadtpark. Dir wird sowieso der Appetit vergehen", meinte die Arzthelferin wissend.

Während die beiden Freundinnen zwischen Radfahrern, Spaziergängern und gassigehenden Hunden dahinschlenderten, schilderte Christine jede Sekunde des gestrigen Abends, bis sich Eva am Ende mit leicht blasser Nase auf eine Parkbank fallen ließ. Christine war auf alles gefasst, hatte vorsichtshalber eine Valium aus der Praxis mitgehen lassen, um im Ernstfall erste Hilfe leisten zu können. Aber Eva schien gar kein Beruhigungsmittel zu brauchen. Erst saß sie ganz ruhig da, stierte vor sich hin.

Dann fing sie plötzlich an zu lachen und hörte überhaupt nicht mehr auf. Christine begann sich allmählich ernste Sorgen zu machen, als Eva grinsend meinte: "Ist doch alles irgendwie saukomisch. Ich habe die ganze Zeit gedacht, Joe wäre einer, der kein Wässerchen trüben könnte, der ein gut gezapftes Pils attraktiver findet als eine gutgebaute Frau. Und dass ich die Erfahrenere bin, die diesem infantilen, in Liebesdingen völlig unbedarften Kindmann erst mal auf die Sprünge helfen muss. Dann kommt da nur eine vollbusige Blondine mit hohen Stöckeln daher und Babyface mutiert zu Mister Casanova, der bei der erstbesten Gelegenheit zum Angriff auf seine Koje bläst."

"He, meinst du etwa mich mit ,nur eine vollbusige Blondine und erstbester Gelegenheit'?"

"Ich meine, dass es ihm wahrscheinlich völlig egal ist, wen er anbaggert. Da geht's doch nur darum, dass er sein anscheinend unterentwickeltes Ego aufmöbeln will. Und wenn's bei meiner besten Freundin ist."

"Eva, du glaubst doch hoffentlich nicht, dass ich ihn irgendwie dazu aufgefordert habe? Klar, in einem hat er ja Recht, und zwar damit, dass Männer einfach auf mich stehen. Aber ich schwöre dir, es war nicht meine Absicht, ihn anzumachen."

"Weiß ich doch, Tini. Wäre ja auch noch schöner, wenn ein Weiberheld unsere Weiberfreundschaft anknacksen könnte."

"Ich bin jetzt nur neugierig, wie Joe dir seine Schrammen im Gesicht erklärt. Auf einen Faustkampf unter Männern kann er sich ja wohl schlecht herausreden. Ich bin jedenfalls total froh und erleichtert, dass du mir glaubst und seine Anmache nicht ganz so tragisch siehst."

Eva wunderte sich selbst, warum Christines Erzählung ihr nicht stärker zusetzte. Immerhin hatte der Mann, mit dem sie die letzten Monate verbracht hatte, und zwar ziemlich unterhaltsame, vergnügliche und glückliche Monate, versucht, ausgerechnet ihre beste Freundin flachzulegen. Dafür war auch sein Vollrausch keinerlei Entschuldigung. Und da Eva eine ziemlich konsequente und resolute Frau war, bedeutete dies, dass ab sofort Schluss war mit Joe, dem großmäuligen Chefreporter vom Tageblatt.

Eigentlich war er sowieso nur eine Art Ersatzlösung gewesen, die gar nicht richtig zu ihr passte. Ein Vater für ihre Kinder hätte er jedenfalls nie sein können! Das wussten Evas Gefühle zwar zu diesem Zeitpunkt noch nicht, doch gerade deswegen fiel es ihr auch so leicht, Joe auf die Ersatzbank zu verbannen, von wo aus sie ihn lediglich in puncto Job wieder am Spiel teilnehmen lassen würde...

19. Das Muttertier

Mathilde hatte sich für Freitagnachmittag bei Eva angesagt. Um 15.43 Uhr würde sie mit dem ICE auf Gleis 13 am Hauptbahnhof ankommen.

"Ich freue mich riesig auf sie. Wir haben uns schon vier Jahre nicht mehr gesehen, nur ab und zu miteinander telefoniert", erzählte Eva Christine von ihrer alten Studienkollegin. "Ohne Mathilde hätte ich die langweiligen Germanistik-Seminare bei Professor Dr. Vögelein nie überstanden. Mathilde war wie ein wandelndes Literatur-Lexikon. Sie wusste einfach alles und ließ mich bei den Klausuren immer abschreiben. Während sie büffelte, überlegte ich mir stundenlang, wie ich am unauffälligsten und effektivsten spicken könnte. Einmal bin ich dann doch tatsächlich aus dem Seminar rausgeflogen, weil Mathildes zehn Seiten über Andreas Gryphius und meine bis auf jeden Punkt und jedes Komma absolut identisch waren. Mathilde durfte bleiben, bekam sogar eine Eins für die Arbeit. Vögelein fuhr sowieso mächtig auf sie ab, weil sie so viel Grips hatte. Genau deshalb fassten sie andere Männer nicht mal mit der Beißzange an. Wenn Sabine, Anette oder Karin auf den nächtlichen Semesterfeten ihre Reize in knappen Höschen und kurzen Röcken effektvoll präsentierten, saß Mathilde lieber in der Ecke und dozierte über mittelhochdeutsche Sagen oder Erasmus von Rotterdam. Und dann verstand sie überhaupt nicht, wenn die Jungs jedes Mal die Flucht in andere Dekolletés ergriffen. Sie war eben mehr der Kumpel-Typ."

"Die muss ja stinklangweilig gewesen sein, und als Bücherwurm sah sie bestimmt auch noch scheiße aus", konstatierte Christine in ihrer ureigenen, vorurteilsfreien Art.

"Hast du eine Ahnung. Mathilde war eigentlich richtig hübsch, bloß anziehen konnte sie sich nicht. Ihre beige-braunen Klamotten gefielen wirklich nur Professor Vögelein. Der stand voll auf die altjüngferliche Optik. Aber egal, ich kam trotzdem prima mit Mathilde zurecht. Auch die anderen Studenten mochten sie sehr. Hauptsächlich weil sie sich von keinem der selbstgefälligen und arroganten Dozenten etwas gefallen ließ. Mit ihrem ausgesprochen trockenen Humor wies sie die alten Herren ruckzuck in ihre Schranken. Das war einfach klasse!"

"Und was macht die jetzt, ist die auch Journalistin?", fragte Christine, die angesichts der Mathilde-Schwärmerei von Eva fast etwas eifersüchtig wurde.

"Eigentlich hatten wir alle erwartet, dass sie eine Uni-Karriere macht. Doch dann tauchte kurz vor dem Examen Bertram auf, der junge Assistent vom alten Vögelein. Nächtelang hat Mathilde mit ihm über Literatur debattiert – und nach drei Monaten war sie schwanger. Und statt von Goethe und Schiller sprach sie nur noch von Heirat und Familie. Der gradlinige Bertram wehrte sich kaum und heute sind sie stolze Eltern von zwei kleinen Mädchen. Er arbeitet immer noch an der Uni, während Mathilde ganz Hausfrau und Mutter ist. Irgendwie beneide ich sie um ihre kleine heile Welt."

"Und Bertram, sieht der etwa gut aus?", konnte sich Christine eine schnippische Zwischenfrage nicht verkneifen.

"Tini, du würdest dich wundern. Dieser brave Akademiker könnte glatt auf dem Laufsteg sein Geld verdienen."

"Warum haben manche Frauen nur so viel Glück? Womöglich verdient der Kerl auch noch eine Stange Geld!?"

Wenn die wüsste! Bertram war immer noch Assistent mit Zeitvertrag und seine wissenschaftlichen Abhandlungen über längst verweste Dichter und deren Werke wollte auch kein Verlag herausbringen. Die junge Familie musste ganz schön knappsen. Nicht das einzige Problem, das ihre Idylle im Reihenhaus am Stadtrand störte.

Eva hatte recht gehabt und Christine erkannte Mathilde sofort: Sie war die einzige Frau auf dem Bahnsteig, die von Kopf bis Fuß in fades Beige gehüllt war. Einschließlich des ungeschminkten Gesichts. Alles an ihr war auf den ersten Blick ziemlich unscheinbar – bis sie Eva entdeckte und in entzücktes Begrüßungsgejohle ausbrach: "Wie schön, dich endlich mal wiederzusehen. Du bist ja keinen Tag älter geworden", trällerte Mathilde und drückte Christine kichernd ihren verschlissenen Koffer in die Hand. Die Arzthelferin war jetzt schon stinksauer auf die Landpomeranze, die sich ihr nicht mal vorstellte und sie gleich zum

Kuli degradiert hatte. Sie überlegte noch, ob sie lieber den scheußlichen Koffer oder das beige Landei wie zufällig auf die Gleise schubsen sollte, als Eva den geistigen Anschlag gerade noch verhinderte: "Mathilde, das ist meine beste Freundin Christine."

Als Mathilde schließlich ihren Koffer selbst die Rolltreppe hinauftrug, war für Christine die Welt wieder in Ordnung. Und außerdem konnte Mathilde ihr natürlich in keiner Weise das Wasser reichen, so wie sie aussah. Einträchtig schlenderten die drei Mädels Richtung Parkhaus, wo es gleich zum nächsten Konflikt kam. Mathilde steuerte doch tatsächlich auf Christines angestammten Platz, den Beifahrersitz, zu. Als wolle sie Christine zur Weißglut bringen, hatte die lange Latte nichts besseres zu tun, als den Sitz mit einem gewaltigen Ruck fast bis an die Rückbank zu manövrieren. Christine konnte ihre Kniescheiben gerade noch in Sicherheit bringen. Dafür flog ihr der hässliche Koffer um die Ohren. Bei dem Gedanken, dass diese hinterhältige und rücksichtslose Fregatte sich eine ganze Woche wahrscheinlich nicht nur im Auto in den Vordergrund drängen würde, köchelten Christines Stresshormone jetzt schon vor sich hin.

Eva bekam von alldem nichts mit. Sie plapperte unentwegt von vergangenen Uni-Zeiten. Eine Anekdote jagte die andere, bis sie endlich bei ihr in der Wohnung angekommen waren, und die Gastgeberin ihre beste Freundin erst einmal in die Küche jagte: "Tini, sei doch so lieb und koche uns einen Kaffee. Mathilde und ich haben uns so viel zu erzählen. Und bring' bitte auch die Florentiner Kekse aus der untersten Schublade mit."

Es war alles andere als Zufall, dass Christine den Kaffee heute etwas lauter kochte als sonst. Und etwas stärker. "Hoffentlich hat sie einen Herzklappenfehler, diese graue Maus. Und dann noch meine geliebten Florentiner. Ersticken soll sie", grollte Christine, setzte ihr breitestes Lächeln auf und servierte die pechschwarze Brühe.

"Also Christine, dein Kaffee ist echt spitze. Richtig schön stark, dass man bei jedem Schluck das Gefühl hat, das Herz könnte stehenbleiben", lobte Mathilde Christines Brühkunst, während sie sich bereits den dritten Florentiner zwischen die Zähne schob. "Mmh, ich liebe diese Kekse. Eines Tages werde ich noch an einem ersticken", kicherte Mathilde und putzte den ganzen Teller weg, während sie krümelsprühend ihre Wochenplanung kundtat: "Eine Woche ohne Berti und die Kinder, das muss ich weidlich ausnutzen. Ich werde die Nächte zum Tag machen und in den Discos bis zum Umfallen tanzen. Das wird ein Riesen Spaß. Aber bevor wir losziehen, muss ich mir erst noch etwas Flippiges zum Anziehen kaufen."

Christine konnte sich ein hämisches Grinsen nicht verkneifen und sah ihre Zeit für einen Konter gekommen: "Ich weiß zwar nicht, wie das bei euch auf dem Land läuft, aber in der Großstadt gibt's Türsteher. Da kommt nicht jeder rein." Für diesen Knuff in Mathildes Magengrube erntete sie von Eva unterm Couchtisch einen heftigen Tritt gegen das Schienbein, den sie in diesem Moment sogar gerne in Kauf nahm.

Am nächsten Morgen weckte Mathilde ihre Freundin Eva schon um sechs Uhr: "Frühstück", flötete sie, während sich die todmüde Eva ihre Bettdecke über die Ohren zog. Mutter Mathilde war solche Verzögerungsaktionen schon von ihren Kindern gewohnt und wusste genau, was zu tun war. Mit einer schnellen Bewegung zerrte sie die warme Decke vom Bett und klatschte der Langschläferin einen nassen Waschlappen mitten ins Gesicht. "Komm, es ist Zeit zum Aufstehen. Es gibt viel zu tun. Die Geschäfte machen bald auf und ich will mich von Kopf bis Fuß neu einkleiden. Also los, keine Müdigkeit vorschützen. Der Kaffee wartet schon", trompetete Mathilde widerlich gutgelaunt und kitzelte Eva an den Füßen. Eva floh schnell ins Bad, um sich auf dem Wannenrand noch ein paar Minütchen absolute Ruhe zu gönnen. Doch Mathilde gab keine Ruhe und trommelte lautstark gegen die Tür: "Bist du etwa wieder eingeschlafen, Eva? Die frischen Brötchen mit selbstgemachter Marmelade sind schon geschmiert, das Ei wachsweich. Hopp, hopp, sonst kommt der böse Waschlappen wieder."

Diese Drohung war Mathilde anscheinend immer noch nicht genug, um Eva auf die Beine zu bringen: In der Küche dröhnte aus dem Tchibo-Radio die Hitparade der Volksmusik in voller Lautstärke. Mathilde kannte jeden Titel. Begeistert summte sie mit, manche Passagen begleitete sie sogar pfeifend mit spitzen

Lippen. Es war ein Klang des Grauens und der erste Tag einer unendlich langen Woche...

Kurz bevor Eva einen mittelschweren Hörsturz erlitt, tauchte zum Glück Christine auf: "Was für ein grauenhaftes Gedudel. Das ertrage ich nicht am frühen Morgen, da wird ja die Milch sauer", übertönte sie den Äther, schaltete kurzentschlossen aus und verbannte die Jodelgarde wieder zurück auf die Berge. Mathilde schien das nicht im Geringsten zu stören. Sie stopfte sich quietschvergnügt die Backen mit einem Marmelade-Croissant voll, und schob anschließend ein knackiges Mohnbrötchen mit Salami hinterher. "Dass du schon wieder essen kannst. Komisch nach der Familienpackung Florentiner von gestern. Naja, wenn man verheiratet ist, braucht man vielleicht nicht mehr so auf seine Figur zu achten", züngelte Christine mit einem so breiten Grinsen, dass man ihren Giftzahn förmlich sehen konnte.

Noch ehe Mathilde mit vollem Mund die verbale Gegengift-Spritze setzen konnte, unterbrach Eva die doch etwas gespannte Frühstückssituation durch einen mittleren Erstickungsanfall. Mit Erfolg: Die beiden Kampfhennen fuhren ihre scharfen Krallen wieder ein, aßen die Hamsterbacken leer und ab ging's zum Einkaufsbummel in die City.

"Suchst du eigentlich etwas Bestimmtes, Mathilde", fragte Eva höflich und zog den finanzschwachen Gast in ihr günstiges Stamm-Kaufhaus M&G.

"Ich dachte da an ein Kostüm. Was Schickes zum Ausgehen brauche ich auch. Da musst du mich unbedingt beraten. Für Klamotten fehlt mir manchmal ein bisschen das Händchen", outete sich Mathilde vor Christine, die diesen Schwachpunkt schon längst erkannt hatte. Während Eva sich ernsthaft bemühte, ihrer Freundin ein paar geschmackvolle Teile von den Ständern zu fischen, funkte Christine mit knallbunten Stücken vom Wühltisch dazwischen. Und das boshafter Weise immer in Größe 34. Eva warf Christine mehr als einmal böse Blicke zu. Aber auch Mathilde wusste sich durchaus zu wehren: "Meine Liebe, ich weiß ja, dass du fast blind bist, aber solche Kinderkleidchen entsprechen nicht gerade meinem ästhetischen Empfinden, geschweige denn meinem Astralkörper." Das saß! 1:0 für Mathilde. Vorerst!

Eva waren solcherlei Bissigkeiten der weiblichen Bullterrier nur noch unangenehm. Doch den beiden schien das Zähne fletschen und Knurren mittlerweile richtig Spaß zu machen. Als Mathilde gerade mit einem schwarzen Schlauchkleid in der Umkleidekabine verschwunden war, hastete Christine flugs hinterher und fragte scheinheilig: "Passt's? Noch größer ist es leider nicht mehr da. Aber vielleicht kann man an den Seiten ja breite Streifen einsetzen. Mein Gott, ist dieses Neonlicht in der Kabine scheußlich. Da wird ja wirklich jede Cellulite-Beule schonungslos aufgedeckt und die vielen kleinen Besenreißer sehen aus wie fiese Krampfadern."

"Stimmt, echt scheußlich, wenn man so was hat. Aber du bist ja aus dem Metier, dein Chef kann dir bestimmt sagen, wo du die dicken Dinger wegmachen lassen kannst", schlug Mathilde zurück. 2:0 für sie!

Bei diesem eindeutigen Punktestand verließ das Trio denn auch die Modeabteilung und tigerte in die Beauty-Etage. Mathilde musste ihre neuen Errungenschaften noch mit dem passenden Nagellack, Lidschatten und Lippenstift komplettieren. Schließlich wollte sie in dem knallroten Kostüm und dem schwarzen Schlauchkleid auch bis aufs i-Tüpfelchen richtig zur Geltung kommen. Die passenden Pumps waren im Geschäft nebenan auch schnell gefunden, und so blieb sogar noch Zeit, zum Friseur zu gehen. Dort musste der brave Pagenkopf schnipp-schnapp einer wuscheligen Fransenfrisur mit kirschroten Strähnen weichen. Mathilde war jetzt kaum wiederzuerkennen. Selbst Christine musste jetzt insgeheim zugeben, dass sich das hässliche Entlein vom Land innerhalb weniger Stunden in einen recht ansehnlichen Schwan verwandelt hatte. Sympathischer wurde ihr Mathilde dadurch nicht gerade. Ein Trost blieb Christine jedoch: Spätestens in der Disco würde man an Mathildes Tanzstil erkennen, dass sie nichts als ein ungelenker Provinztrampel war. Schließlich gab's dort keine Blasmusik. Und darauf freute sie sich jetzt schon.

Auch in diesem Punkt hatte Christine die Andere mächtig unterschätzt: Schon der Türsteher ließ die Drei eigentlich nur wegen Mathilde anstandslos passieren, und der Barkeeper spendierte der Lady in Red gleich mal einen Drink. Eva freute sich und staunte zugleich über die Metamorphose der Hausfrau und Mutter zum Vamp. Christine dagegen schob einen Hals, der immer dicker wurde. Und Mathilde schien dies alles prächtig zu gefallen. Sie wurde immer aufgekratzter, flirtete ungeniert mit allem, was männlich war und tanzte so locker-flockig übers Parkett, als hätte sie heimlich bei "Let´s Dance" mitgemacht.

"Pass' auf, Eva, gleich fängt sie auch noch an zu singen, Deine brave Mutti vom Land", zickte Christine und fühlte angesichts dieser unerwarteten Konkurrenz aus dem Kuhstall einen stechenden Migräneanfall heranziehen. "Eva, kannst du mich heimfahren? Mathilde kann sich ja ein Taxi nehmen, wenn sie sich ausgetobt hat."

"Das geht nun wirklich nicht. Ich kann doch meinen Besuch nicht einfach hier stehenlassen."

"Ach, aber deine beste Freundin mit höllischen Schmerzen im Kopf, die überlässt du einfach ihrem Schicksal. Gut, dann will ich auch nicht länger stören. Ich werde es schon noch schaffen bis zur nächsten Bushaltestelle. Und wenn ich Glück habe, überfällt mich auch keiner", sagte Christine – und weg war sie.

Eva zog mit Mathilde noch bis morgens um fünf um die Häuser. Mathilde schien überhaupt nicht müde zu werden. Aber Eva. Als ihr bleischwerer Kopf schließlich auf den Tresen knallte, meinte Mathilde bemutternd: "Das kann ich gar nicht mit ansehen. Geh' nur schon vor und leg' dich schlafen. Ich komm' dann auch bald. Den Schlüssel kannst du mir ja unter die Fußmatte legen." Bussi links, Bussi rechts verabschiedete sich Eva und überließ Mathilde ihrem Schicksal, das in diesem Augenblick schon in den starken Armen eines hochgeschossenen Versicherungsvertreters lag.

Mathilde kam wirklich bald. Aber nicht allein. Zuerst hörte Eva im Halbschlaf ein dunkles Brummen, einen Moment später Mathildes Lustgequieke und dann die Federn von ihrem alten ausgeleierten Gästebett. Doch Eva war zu müde, um den akrobatischen Verrenkungen weiter ihr Gehör zu schenken. Mit dem

Gedanken "Was so'n paar neue Klamotten alles ausmachen..." schlief sie schließlich total ermattet ein.

Als sie sich acht Stunden später mühsam aus den Federn wälzte, war der nächtliche Überraschungsgast verschwunden, und Mathilde werkelte bereits frohgemut in der Küche. Ihren exzessiven Seitensprung erwähnte sie mit keinem Wort. Im Gegenteil: Sie erzählte von ihren Kindern, schrieb Eva das Marmeladenrezept auf einen Zettel und rief Berti an, um ihm liebevoll einen schönen Sonntag zu wünschen. Eva sagte lieber auch nichts. Vielleicht hatte sie das Ganze ja auch nur geträumt.

Sie hatte nicht. Das Nachtschattengewächs Mathilde lief jeden Abend zur Höchstform auf und schleppte einen fremden Kerl nach dem anderen in Evas Wohnung. Die fungierte bei den nächtlichen Streifzügen wiederum nur als Zeitvertreib für die ersten Stunden, bis ein toller Mann in Sicht war. Was den Vergnügungsfaktor anging, hatten sich also das schwarze Schlauchkleid und das rote Kostüm binnen kürzester Zeit bereits amortisiert.

Und Eva? Sie kroch von Tag zu Tag mehr auf dem Zahnfleisch und war total genervt. Denn Mathilde ließ sie nie mehr als fünf Stunden schlafen, und wenn sie gerädert aus der Redaktion nachhause kam, hieß es gleich wieder: "Zieh' dir was Nettes an, heute wird abgetanzt, ich bin in Bombenstimmung." Vor zwei Uhr früh kam sie dann nie ins Bett und von nächtlicher Ruhe konnte auch keine Rede sein. Die Quietschfedern der Gästecouch!

Eva sehnte Mathildes Abreise so sehr herbei, dass sie sich sogar dabei ertappte, den armen Kindern dieser Lustbarkeitsbombe gleichzeitig Masern, Röteln und Ziegenpeter zu wünschen, um endlich wieder allein Herrin über ihre Wohnung zu sein. Die Kinder von Mathilde erfreuten sich zwar weiterhin bester Gesundheit, doch dann war es geschafft: Mathilde reiste ab. Und das genauso wie sie gekommen war - als beige-braune Maus.

"Es war echt nett bei dir, Eva. Doch jetzt freue ich mich richtig auf Berti und die Kinder. Ach übrigens, das rote Kostüm und das schwarze Kleid hab' ich dir dagelassen. Du sollst ja schließlich nicht als alte Jungfer versauern..."

20. Holiday on the Rocks

Es war mal wieder einer dieser verregneten Sonntagnachmittage, an denen es sich Christine und Eva zur Gewohnheit gemacht hatten, das Fernsehprogramm nach möglichst kitschigen und rührseligen Liebesfilmen zu durchforsten. Mal zappten sie von Evas Lederlandschaft aus von Kanal zu Kanal, mal hockten sie wie festgewurzelt zwischen Christines gerüschten Blumenkissen mit Chips, Prosecco und einer Klinikpackung Papiertaschentücher. Nach deren Verschleiß wurden die TV-Schnulzen dann von ihnen bewertet. Je mehr tränengetränktes Papier zerknüllt auf dem Wohnzimmerboden lag, umso bessere Noten bekam das Leinwand-Opus.

An diesem Sonntag jedoch wollten Evas Tränen nicht so recht fließen, obwohl sich vor ihren Augen Maria Schell als aufopfernde Krankenschwester vom gnadenlosen Schicksal beuteln ließ. Eva litt heute nur begrenzt mit der blauäugigen Heroine des deutschen Melodramas. Ihre Gedanken waren ganz woanders.

"Sag' mal, Tini, wie viel Urlaub hast du eigentlich noch für dieses Jahr?"

"Was? Wer hat Urlaub?", schluchzte Christine, die mit der unglücklich verliebten Schwester auf dem Bildschirm um die Wette heulte.

Eva sah ein, dass es keinen Sinn hatte, ihre Frage vor dem Happy End des Streifens noch einmal zu wiederholen. Also wartete sie, bis ihre Freundin nach dem Abspann wieder ansprechbar war. "Tini, wie viel Resturlaub hast du noch?"

Christine putzte sich noch ein letztes Mal geräuschvoll die rote Nase: "War das ein Film! Einer der besten, den wir je durchlitten haben. Der ging so richtig ans Herz. Wie du dich da mittendrin für meinen Urlaub interessieren kannst, begreife ich nicht. Manchmal bist du richtig gefühllos. Aber wenn du es unbedingt wissen willst: Ich habe noch genau neun Tage. Warum interessiert dich das eigentlich so brennend?"

"Weil ich mir vorhin was überlegt habe, während du mit der Schell flennen musstest. Ich habe es langsam satt, dass es hier jedes Wochenende wie aus Kannen gießt, und dass die Highlights meines Lebens schnulzige Filme im Fernsehen sind. Ich muss hier einfach mal raus. Süden, Sonne, du verstehen? Außerdem habe ich noch über zwei Wochen Urlaub zu kriegen. Also dachte ich mir, wir könnten doch zusammen irgendwohin fahren. Für eine Woche wenigstens. Was sagst du?"

"Christine strahlte von einem Ohr zum anderen: "Spitze, sag' ich, absolut spitze." Und fügte dann etwas ernüchtert an: "Aber ich habe überhaupt keine Kohle."

"Meinst du etwa, ich habe Geld? Aber erstens liest man zur Zeit dauernd von Top-Billigangeboten für Urlauber. Und zweitens, wozu haben wir denn einen Dispo-Kredit?"

"Gibt's auch was Günstiges nach Ipizza? Ich möchte so gerne mal nach Ipizza!"

"Ibiza? Igitt! Da stolpert man doch nur über Fußballvereine und Kegelclubs aus der Heimat. Nee, Tini, nicht nach Ibiza. Ich dachte mehr an eine Stadt, vielleicht Florenz. Der Dom, die Uffizien, Michelangelos David, der Arno..."

"Welcher David? Welcher Arno? Also wenn du irgendwelche Ex-Lover besuchen willst, fahr' ich nicht mit. Egal wohin. Ich mach' doch nicht das fünfte Rad am Wagen oder deinen Anstandswauwau. Und deine Kirche und die Büros, oder was diese Offizen sonst sind, finde ich auch nicht besonders prickelnd."

"Tini, interessierst du dich denn überhaupt nicht für die größten Kunstwerke der Weltgeschichte? Das darf doch nicht wahr sein!"

"Ehrlich gesagt: Nein! Und im Urlaub schon gar nicht. Können wir denn nicht vielleicht doch nach Ipizza? Da trifft man bestimmt ganz tolle Typen."

"Vergiss' Ibiza! Und vergiss' mal für einen Moment die Typen. Stell' dir lieber das wunderbare Essen und den Wein der Toskana vor."

"Das macht alles nur fett, und dann kann ich mich am Strand nicht im Bikini zeigen. Wer guckt schon nach 'ner Pellwurst?"

"Aber Tini, in Florenz ist überhaupt kein Strand. Das liegt nicht am Meer."

"Nicht am Meer? Ich soll nach Italien, und dann ist da noch nicht mal ein Meer? Dein blödes Florenz kannst du dir abschminken, da fahr' ich nicht hin. Ich will in meinen sauer verdienten Ferien an einen Strand, basta."

Eva war noch nicht bereit, sich geschlagen zu geben. Vielleicht konnte sie ihre Freundin ja zu einem anderen Städte-Trip überreden: "Wie wär's denn mit einer Woche Paris? Eiffelturm, schicke Boutiquen, und ein klitzekleines bisschen Kunst im Louvre."

"Du glaubst wohl, ich bin blöd! Meinst du, ich weiß nicht, dass Paris auch nicht am Meer liegt? Ich will nicht auf den schiefen Turm, ich will ans Meer. Sonst bleib' ich gleich hier!", motzte Christine und stampfte dabei mit dem Hausschuh auf.

"Meinetwegen, ich kann mich auch mit einer Woche Badeurlaub am Strand anfreunden. Aber dann suche ich das Land und den Ort aus, okay?"

"Und welcher Strand wäre das, der Gnä' Frau besser gefällt als Ipizza?"

"Guruguru! Wir fliegen auf die Guruguru-Inseln. Da gibt's jede Menge Meer und Strand. Ein absoluter Geheimtipp in 2000 Kilometern Entfernung."

"So weit weg? Da muss man sich ja gegen alles Mögliche impfen lassen und vorher tonnenweise Malaria-Tabletten schlucken. Und dann ist es immer noch saugefährlich, weil dort im Wasser irgendwelche ekligen Viecher rumschwimmen, von Vogelspinnen und riesigen Giftschlangen ganz zu schweigen. Also, auf so was habe ich echt keinen Bock!"

"Christine, jetzt hör doch erst mal zu: Guruguru ist kein Horrortrip, sondern ganz romantisch. Wenige Touristen, alles sehr ursprünglich und unverdorben. Ein Paradies eben. Nur Natur und wir, wie findest du das?"

"Klingt ziemlich langweilig. Gibt's da wenigstens 'ne Disco, kann man da gut shoppen?"

Eva wusste, dass sie Christine schon so gut wie überredet hatte und schwärmte ihrer Freundin etwas von einer Super-Mega-Disco vor, die alle ihr bekannten in den Schatten stellen würde. Sie hatte zwar keine Ahnung, vertraute aber darauf, dass es schon irgendeine Dorfkneipe zum Schwofen auf der Insel geben würde. "Und außerdem, Tini, stell' dir doch nur die Männer auf Guruguru vor. Heißblütige, schöne Männer mit Feuer in den Augen und Lendenschurz um die schmalen Hüften. Fleischgewordenes, glutvolles Temperament!", legte Eva einen weiteren heißen Köder aus, an dem sich schon so manche Frau auf Guruguru die Finger verbrannt hatte.

"Okay, okay, du hast gewonnen! Ich wollte noch nie woanders hin als nach Guruguru. Aber nicht wegen der schönen Männer, wenn du das glaubst. Obwohl ich natürlich weiß, welch phänomenale Wirkung ich gerade auf Südländer habe. Also, wann geht's los?"

Schon am nächsten Tag begann die Urlaubsplanung. Das heißt, Christine deckte sich mit Strand-Utensilien ein und buchte gleich mehrere Stunden im Sonnenstudio, während Eva zwei bezahlbare Flugtickets in einer Last-Minute-Börse auftat und sich die Finger wegen eines Hotelzimmers wund telefonierte. Sie wunderte sich zwar ein bisschen, wie schwer es war, auf einer kleinen, primitiven, von Touristen bislang unentdeckten Insel ein Quartier für zwei Personen zu finden, wurde aber erst so richtig stutzig, als sie den Typen im Reisebüro zu seinem Kollegen flüstern hörte: "Mann, schon wieder zwei Tussen, die nach Guruguru wollen. Ist dort die Jahresversammlung der internationalen Lesben-Liga oder sind die wirklich so blöd?" Eva beschloss, die Bemerkung einfach zu ignorieren und vor allem, kein Wort davon zu Christine zu sagen. Auch nicht über den mitleidigen Blick des Reiseredakteurs vom Tageblatt, den sie um ein paar Guruguru-Infos bat. Rolf Hecke murmelte nur etwas von "bis vor zehn Jahren sehr nett dort gewesen, aber dann marschierten die Jogginganzug-Fraktion à la Ballermann ein" und "naja, ist ja nur für eine Woche."

Als die beiden vierzehn Tage später bei strömendem Regen mit dem Bus vom Flughafen zu ihrem Hotel kurvten, erlebten sie gleich den ersten Schock: Vor ihnen türmten sich riesige Betonklötze auf; davor eine Kneipenmeile, wo man sich gleich heimisch fühlen konnte: "Zum blauen Bock", "Schwarzwald-Stuben", "Goldener Ochse"... Und dann sahen sie sie auch, die ersten neonfarbenen Vertreter der Jogginghosen-Fraktion mit ihren Badeschlappen.

Der Bus spuckte Eva und Christine zusammen mit mindestens achtzig anderen Bleichgesichtern vor einer besonders heruntergekommenen Bettenburg aus. Statt des erhofften Begrüßungsdrinks sorgte das Management erst mal für eine Erfrischung der anderen Art: Aus der verschlissenen Markise über dem Hoteleingang ergoss sich ein mächtiger Schwall Dreckwasser direkt auf Christine. Auch die sportliche Betätigung der Gäste lag der Hotelleitung anscheinend am Herzen. Am Lift prangte ein Schild "Außer Betrieb". Und das, obwohl das romantische Zimmer der gehobenen Kategorie mit Meeresblick und Südbalkon im neunten Stock lag. Eva wollte eigentliche eine spitze Bemerkung über Christines Übergepäck machen, doch dazu war sie nach 153 Treppenstufen nicht mehr fähig. Außerdem wartete schon der nächste Schock: Vor dem teppichfliesengroßen Balkon ihres Doppelzimmers ragte eine meterhohe Brandschutzmauer gen Himmel. Nix mit Meer, Sand und Sonne! Hätten die beiden einen abgeknickten Außenspiegel mit Teleskopstange dabei gehabt, wäre es ihnen vielleicht möglich gewesen, zu sehen, wie weit das Meer tatsächlich vom Hotel entfernt war. Und dann gab's da noch das Bett. Eine ausgeleierte Schlafgelegenheit in Teakholz-Optik, die es lediglich ermöglichte, entweder Po an Po oder Bauch an Bauch Schäfchen zu zählen. Für unsere zwei Freundinnen also eher uninteressant.

"Guck mal Eva, im Bad haben die ausnahmsweise nicht gespart. Da ist sogar ein Trinkbrunnen."

"Ein Brunnen im Bad?"

"Ja, genau so einer, wie man sie immer in den amerikanischen Filmen sieht", erklärte Christine und nahm einen kräftigen Schluck aus dem Bidet. "Nur dass er direkt neben dem Klo steht, finde ich nicht so gut. Irgendwie unhygienisch."

"Da kannst du Recht haben."

Am nächsten Tag sah die Insel schon etwas freundlicher aus. Die Sonne schien, das Thermometer zeigte dreißig Grad im Schatten an, der Himmel war wolkenlos. Eva und Christine machten sich nach einem ausgiebigen Frühstück auf der halbfertigen Terrasse mit großem Gepäck auf den Weg zum Strand. Als sie eine halbe Stunde strammen Fußmarsch hinter sich hatten, konnten sie schon die ersten Wellen sehen. Und die ersten Badegäste. Am Strand war jeder Quadratzentimeter belegt. Mit Sonnenschirmen, Handtüchern, Liegestühlen, Luftmatratzen, Hundehaufen, Schlauchbooten, Surfbrettern, Müllsäcken. Wie es eben so aussieht auf einer idyllischen Insel.

"Was meinst du Eva, welchen Bikini soll ich anziehen? Den mit den roten Bommeln oder den mit den Rüschen?"

"Am besten, du ziehst gar keinen an, dann nimmst du nicht soviel Platz weg im Wasser. Falls du überhaupt noch ein Plätzchen finden solltest", brummte Eva und hatte jetzt schon gehörig die Schnauze voll von ihrem Urlaub. Aber sagen wollte sie nichts, denn schließlich war ja Guruguru ihre Idee gewesen.

"Ich gehe gleich ins Wasser. Kommst du mit?", fragte Christine, während Eva ihr Badetuch feinsäuberlich auf Din A4-Format faltete, um es zwischen sich und einem Ehepaar namens Schmidtmüller genau einzupassen. Das war Millimeterarbeit! Christine stakte inzwischen mit Schnorchel bewaffnet über die brutzelnden Leiber zum Meer. Viel Freude hatte sie an ihrem Ausflug in die Unterwasserwelt nicht. Kaum untergetaucht, schnippte ihr erst die rechte, dann die linke Kontaktlinse aus dem Auge. Blind wie ein Maulwurf konnte sie dann auch die zartrosa Qualle nicht erkennen, die angriffslustig auf sie zu schwebte. Auge in Auge mit der glibschigen Gefahr, ergriff Christine jetzt doch die Panik und sie versuchte, sich ans Ufer zu retten. Die Qualle kam gleich mit. Sie hatte offensichtlich Gefallen an den Bikini-Bommeln gefunden und sich irgendwie darin verheddert. Laut schreiend und wild herumfuchtelnd tappte Christine durch die horizontale Menschenmenge. Eva kannte diese hohen Töne und rannte der Kurzsichtigen rufend entgegen "Hierher, hier bin ich."

"Eva, meine Kontaktlinsen. Sie sind weg. Und dann war da auch noch so ein ekliges Monster."

"War? Das baumelt immer noch an deinen Bommeln. Komm' mir bloß nicht zu nahe. Die Dinger sind giftig."

"Giftig? Schnell mach's weg."

"Ich bin doch nicht verrückt und fass' das Ding auch noch an. Sonst krieg' ich genauso 'nen fiesen Ausschlag wie du."

Diese herablassende Bemerkung nahm die Qualle Eva übel. Beleidigt ließ sie sich in den Sand plumpsen, wo sie sofort von dem furchtlosen Enkel der Schmidtmüllers eingebuddelt wurde. Auch Christine hätte ihren Kopf am liebsten in den Sand gesteckt, als sie ihre malträtierte Vorderseite im Taschenspiegel begutachtete. Überall feuerrote Pusteln und kleine Bläschen. Zum Glück waren die Schmidtmüllers bestens für alle Urlaubsnotfälle ausgerüstet und hatten in ihrem Strand-Verbandskasten immer eine Anti-Quallen-Creme.

Mit den Utensilien des Schmidtmüller'schen Notfallkoffers machte Christine die folgenden Tage noch öfter Bekanntschaft. Zum Beispiel als sie in den einzigen Seeigel in der Brandung trat. Die braune Stachelkugel hatte den großen Menschenfuß mit den rot lackierten Zehennägeln noch auf sich zukommen sehen, konnte aber nicht mehr fliehen und wäre beinahe zertreten worden. Seine Rache folgte stehenden Fußes. Mit voller Kraft rammte er seine spitzen Stachel in Christines Ferse. Ihr lautes Gejammer war am Strand schon bekannt und die Schmidtmüllers machten schon mal ihren Koffer auf. Diesmal waren die Pinzette und die Anti-Seeigel-Paste gefragt.

Auch bei Christines nächstem Missgeschick am darauf folgenden Tag fand sich Hilfe aus dem Koffer. In dem befand sich auch ein kleiner Hammer, mit dem Herr Schmidtmüller den Kampf mit einer überdimensionalen Muschel aufnahm. Und das kam so: Christine hatte das geschwungene Perlmuttding in der Bucht gefunden. Als sie dem Meeresrauschen mit großen Ohren lauschen wollte, drückte sie ihren Lauscher so fest in die Öffnung, dass sich ihre Ohrmuschel in der Muschel verhakte und ums Verrecken nicht mehr herauszubekommen war. Mit beherzten Schlägen befreite sie schließlich Herr Schmidtmüller schnaufend und schwitzend von dem großen Lauschangriff.

Da der Urlaub der hilfsbereiten Schmidtmüllers vorüber war, und sie am nächsten Tag wieder in Richtung Heimat fliegen mussten, beschloss Christine, sich nur noch am Pool zu sonnen und den bedrohlichen Strand zu meiden. Doch ein Schwimmbecken kann auch seine Tücken haben, wie Christine bald erfahren sollte.

Eva lag ganz entspannt auf ihrer Sonnenliege und schmökerte in einem Krimi, während Christine glänzend wie eine Speckschwarte und duftend wie eine Kokosnuss das Areal um den Pool inspizierte. Ihr Kennerblick entdeckte denn auch sofort den schönsten Mann auf der Sonnenterrasse. Die schwarzen schulterlangen Haare hatte er zurückgekämmt, seine Augen hinter einer verspiegelten Pilotenbrille versteckt und seine üppige Männlichkeit in einen roten Tanga eingepfercht. Lässig räkelte er seinen knackbraunen Body auf einem weißen Badetuch. Christine war sich nicht sicher, ob dieses begehrenswerte Mannsbild sie schon erspäht hatte. Sie musste also auf jeden Fall noch einmal an ihm vorbeistolzieren. Brust raus, Bauch rein, den Po effektvoll von einer Seite zur anderen geschwenkt, schnell noch mal die Lippen angefeuchtet und mit kleinen Schritten auf die Zielgerade. Als sie genau auf der Höhe des attraktiven Sonnenanbeters angekommen war, warf er ihr sein selbstbewusstes Lächeln zu. Scheinbar unbeeindruckt tippelte Christine an der Versuchung vorbei, schaute noch einmal zurück, um dieses laszive Lächeln zu erwidern – und latschte schnurstracks mit offenem Mund in den Pool. Ein Liter Chlorwasser war es mindestens, was sie verschluckte, bevor sie mit wild rudernden Armen wieder auftauchte, um die Lachsalven der Hotelgäste über sich ergehen zu lassen. Als nicht nur der rote Tanga hämisch grinste, sondern auch noch Eva sich über sie lustig machte, hatte Christine endgültig die Schnauze voll und flüchtete aufs Zimmer. Gerade noch rechtzeitig, wie sich herausstellte: den Rest des Tages verbrachte sie neben dem amerikanischen 'Wasserspender'. Montezumas Rache hatte sie voll erwischt. Ob die Überdosis Chlor oder doch eher die Guruguru-Kost Christine ans Klo fesselte, wissen wir nicht so genau. Sie litt jedenfalls Höllenqualen, als Eva am späten Nachmittag gut gelaunt und braun gebrannt aufs Zimmer kam.

"Tini, wo steckst du eigentlich die ganze Zeit? Ziemlich kindisch von dir, nur wegen des blöden Beckenplumpsers nicht mehr runter zu kommen. Sei nicht immer so zickig", motzte Eva durch die geschlossene Tür.

"Ich will nachhause, ich kann nicht mehr", wimmerte es aus dem Bad zurück. "So einen schrecklichen Urlaub habe ich noch nie erlebt."

"Nun stell' dich doch nicht so an. Kaum passiert dir ein klitzekleines Missgeschick, schon drehst du durch. Wir haben sowieso nur noch zwei Tage bis zum Abflug. Also reiß dich gefälligst zusammen und komm' endlich raus, damit wir noch etwas unternehmen können."

Mit Christine konnte man an diesem Tag jedoch nichts mehr anfangen. Sie war mittlerweile um etliche Kilos leichter geworden und fühlte sich nur noch schlapp, müde und vor allem potthässlich. Denn gegen ihre bronzierte Freundin sah sie aus wie ein bleiches Gespenst, das in jeder Geisterbahn für Furore gesorgt hätte. Sie war wirklich ein bemitleidenswerter Anblick und mochte nicht einmal mehr in den Spiegel schauen. Zum Glück, denn ihre blondierten Strähnchen hatten von der Sonne und dem hohen Chlorpegel im Pool einen leichten Grünschimmer bekommen, der zwar hervorragend zu ihrer Gesichtsfarbe passte, Christine aber wohl in tiefe Depressionen getrieben hätte. Also sagte Eva lieber nichts über die neue Haartönung und hoffte, dass ihre arme Freundin es weiter unterlassen würde, ihrem tragischen Spiegelbild in die Augen zu sehen.

Erst beim Frühstück am nächsten Morgen wurde Christine mit der grausamen Wahrheit konfrontiert. Nämlich als ein kleiner Junge auf sie zukam und fragte: "Tante, wo hast du dein Raumschiff?"

"Raumschiff? Wie kommst du denn darauf, dass ich ein Raumschiff habe?", erkundigte sich Christine bei dem niedlichen Knirps mit Sommersprossen.

"Weil Papa gesagt hat, dass du bestimmt vom Mars kommst oder so."

"Und wie kommt dein Vater darauf?"

"Weil Marsmännchen immer grüne Haare haben. Bitte, Tante, lass' mich auch mal mit dem Raumschiff fliegen", nervte der kleine Lausbub und zippelte an Christines Shirt.

Zeit für Eva, endlich einzuschreiten: "Komm', Kleiner. Dein Papa sucht dich bestimmt schon. Ich bringe dich zu ihm", sagte sie süßlich und packte die Nervensäge energisch am Arm, um sie möglichst schnell loszuwerden, bevor Christine weiter nachhaken konnte. Doch es war bereits zu spät: Wie paralysiert starrte der Laubschopf in den Antikspiegel über dem Frühstücksbüffet, verzog keine Miene und stand da wie angewurzelt. Eva wollte Christine gerade Mut zusprechen, etwas von schwarzer Waschtönung erzählen, als es Krawummm machte und ihre Freundin wie ein Stein nach hinten plumpste. Ohnmächtig!

Als sie Minuten später wieder zu sich kam, wölbte sich unter ihrer grünen Haarpracht bereits eine dicke Beule. Christine hatte wahrlich schon bessere Tage gesehen, aber sie tröstete sich damit, dass dieser Horror-Trip bald vorbei sein würde.

Und Eva? Ihr gefiel der Urlaub prächtig. Nicht zuletzt wegen des flotten Surflehrers, den sie während ihres Kurses kennengelernt hatte. Momo sah blendend aus, ein wahrer Hüne mit schwarzen Rasta- Locken. Und das Wichtigste: Er war ein hervorragender Wassersportler, was Eva sehr imponierte, da sie nie länger als zwei Minuten auf dem Surfbrett aushielt. Während Christine den Rest ihres Urlaubs im verdunkelten Hotelzimmer still vor sich hin litt, amüsierte sich Eva von morgens bis abends mit Momo am Palmenstrand und war einem kleinen Flirt nicht abgeneigt. Mit Christines Bommel-Bikini eroberte sie den schönen Insulaner schließlich in der glühenden Mittagshitze, als alle anderen Urlauber Siesta hielten. Immer wenn die Sonne im Zenit stand, stand von da an auch das guruguruanische 'Dum-Dum-Geschoss' in der Bambushütte seinen Mann. Das sind eindringliche Ferienerlebnisse, die man nie vergisst!

Trotzdem, so zärtlich und leidenschaftlich Momo auch tagsüber war, mit Einbruch der Dunkelheit hatte er es plötzlich immer sehr eilig nach Hause zu kommen. Dabei hätte sich Eva so gerne mal mit ihm eine Nacht um die Ohren geschlagen. Wohin zog es den Schönling nur allabendlich nach 20 Uhr? Verheiratet konnte er nicht sein; er trug jedenfalls keinen Ehering. Ob er eine Freundin hatte? Eigentlich war es Eva ja egal, aber irgendwie interessierte es sie doch, wohin Momo sich immer so schnell verdrückte. Und weil mit der knatschigen Christine sowieso nichts anzufangen war, entschloss sie sich, ein bisschen Detektiv zu spielen und Momo hinterher zu spionieren.

Es dauerte nur eine Nacht, dann wusste Eva genau, was Momo nach Feierabend trieb: Er war im Nebenverdienst einer der größten Devisen-Beschaffer von Guruguru. Und das funktionierte immer so: Nachdem Momo all seine Surfbretter, Segel und Schwimmwesten im Bootshaus eingeschlossen hatte, marschierte er erst einmal nachhause und nahm eine Dusche. Frisch geföhnt und einparfümiert machte er sich dann in seinem Sonntagsanzug auf den Weg zum nächstgelegenen Hotel, wo er bei jedermann bestens bekannt war. An der Bar wartete bereits eine Dame älteren Jahrgangs auf ihn: Schmuckbe-hangen, sonnengegerbte Haut, Fußkette, dickes Makeup, Haarteil. Sie begrüßte Momo mit einem Kuss auf die Stirn, kramte in ihrer goldenen Handtasche, zog ein Bündel Gurugurus heraus und steckte es Momo zu. Dann orderte sie eine Flasche Champagner. Die beiden unterhielten sich angeregt. Worüber, konnte Eva leider nicht hören. Aber wie die aufgedonnerte Fregatte an ihm herumfingerte, war eindeutig. Er ließ es brav über sich ergehen. Nach zirka einer halben Stunde verließ das ungleiche Paar Arm in Arm die Hotelbar und zog sich auf das Zimmer der Alten zurück.

Spätestens jetzt wusste Eva: Der schöne Beachboy, der ihr kostenlos den Urlaub versüßte, war ein Gigolo. Einer, der tagsüber seinem Vergnügen mit jungen Frauen am Strand nachging, und nachts anstrengende Minnedienste für harte Währung ableistete. Damit hatte sich Momo leider selbst für weitere vergnügliche Stunden mit Eva disqualifiziert.

"Dann doch lieber mit der schmollenden Christine auf dem Zimmer Sudoku lösen oder Backgammon spielen", dachte sie sich und schlich mit einem Bündel Zeitschriften unter dem Arm zu ihrer Freundin, festentschlossen, ihr lieber nichts von der ziemlich peinlichen Liaison mit dem käuflichen B(r)ett-Surfer zu erzählen. Spätestens in 24 Stunden hätte sich der kleine Urlaubsflirt sowieso von selbst erledigt. Dann ging es nämlich wieder in Richtung Heimat.

Am Abreisetag sah Eva überaus entspannt und erholt aus, während Christine eher wie ein Kriegsveteran daher kam: blutunterlaufene Ohrmuschel, fleckiges Feuerquallen-Dekolleté, großes Fußpflaster, Grünspan im Haar, Beulenpest am Hinterkopf, und an den Armen machte sich langsam eine satte Sonnenallergie breit.

"Jetzt fehlt nur noch, dass das Flugzeug abstürzt oder entführt wird. Bei meinem Pech ist alles möglich!", meinte Christine, die mittlerweile aus Selbstschutz einen deftigen Galgen-Humor entwickelt hatte. Die Dame hinterm Schalter guckte nur verständnislos und fertigte das Gepäck ab. Da kam auf einmal ein älterer Herr auf unsere beiden Touristinnen zu und fragte: "Wer von ihnen ist bitte Frau Christine Körber?" Keine Antwort. Vor Schreck brachten die zwei keinen Ton heraus, denn bei dem, was sie durchgemacht hatten, glaubten Eva und Christine, dass sie jetzt auch noch verhaftet oder sonst was würden. Ihnen gingen auf einmal schreckliche Geschichten durch den Kopf. Von Drogenhändlern, die harmlosen Urlaubern tonnenweise Rauschgift in die Koffer schmuggeln. Doch statt Handschellen zauberte der ältere Herr einen Blumenstrauß hinter dem Rücken hervor: "Herzlichen Glückwunsch, Frau Körber, von der Guruguru-Touristenzentrale. Sie sind die zweimillionste Besucherin auf unserer wunderschönen Insel und haben hiermit eine Woche Guruguru für zwei Personen gewonnen. Im besten Hotel, das die Insel zu bieten hat, inklusive Taschengeld und Mietauto."
Der stolze Fremdenverkehrs-Direktor konnte überhaupt nicht verstehen, dass die glückliche Gewinnerin laut kreischend die Flucht ergriff und mit einem hysterischen "Nein! Oh Gott, nein! Bloß nicht!" hinter der Zoll-Absperrung verschwand.

21. Der Dichterfürst

"Wir begrüßen Sie an Bord der Boeing 737. Kapitän Hirschbiel und seine Crew wünschen ihnen einen angenehmen Flug. Bitte bringen Sie jetzt Ihre Rücklehnen in eine senkrechte Position, stellen Sie ihre Mobilgeräte aus und schnallen Sie sich an. Die Flugbegleiterinnen werden Ihnen nach dem Start einen kleinen Snack und ein Erfrischungsdrink servieren", tönte es aus dem Bordlautsprecher. Eva machte es sich an ihrem Fensterplatz gemütlich, während Christine weiter hinten noch mit dem Sicherheitsgurt kämpfte. Eva war ganz froh, dass Christine keinen Platz mehr neben ihr bekommen hatte. So konnte sie wenigstens drei entspannten Stunden entgegensehen und endlich ihren Krimi fertig lesen.

Jetzt gab der Tower die Startbahn frei und der Flugkapitän warf die Turbinen der Triebwerke an. Die Maschine rollte langsam zur Ausgangsposition für den Take off.

"Kommen Ihnen diese Motorengeräusche nicht auch irgendwie seltsam vor?", fragte Evas Sitznachbar etwas panisch und wischte sich ein paar Schweißperlen von der Stirn.

"Keine Angst, das ist ganz normal. Wenn Sie möchten, können Sie aber meinen Ipod haben. Dann müssen Sie das Geknatter nicht hören", bot Eva dem Fremden an. Ihr war sofort klar, dass es sich hier um einen klassischen Fall von Flugangst handelte.

"Nein danke, ich habe lieber alles unter Kontrolle. Aber ich hasse Starts und Landungen nun einmal. Wenn ich erst in der Luft bin, geht's."

Wie wahr! Kaum schwebte der Flieger über den Wolken, war der Mann wie ausgewechselt und bestellte zwei Piccolos für sich und seine neue Flugbekanntschaft. "Lassen Sie uns darauf anstoßen, dass es mir wieder einmal gelungen ist, einen dieser widerlichen Starts todesmutig zu überleben. Übrigens, mein Name ist Frederik von Templin."

Ein interessanter Name, der seinem Träger alle Ehre machte. Der Freiherr aus altem und leider auch verarmtem Adelsgeschlecht war ein überaus gepflegter Anfangsvierziger. Sein gewelltes Haar fiel fast bis auf die Schultern seines dunkelroten Leinenhemdes, das er lässig über der hellen Jeans trug. Außerdem war seine samtene Haut unverschämt braun, wodurch seine smaragdgrünen Augen und seine schneeweißen Zähne besonders gut zur Geltung kamen. Überhaupt hatte der Freiherr erstaunlich sanfte Gesichtszüge und seine hohen Wangenknochen verliehen ihm ein nobles Profil. Auffällig auch seine schönen, manikürten Hände. Dabei war Frederik von Templin erstaunlich leger und unkompliziert in seinem Habitus. Wie ein Wasserfall plauderte er über seinen Urlaub, seine Hobbies, seine Schwächen, seine Stärken. Und was ihn für Eva besonders interessant machte: er war Schriftsteller.

"Zuerst habe ich mich an historischen Sachbüchern, Biografien über die Protagonisten der Französischen Revolution, versucht. Das waren nicht gerade Bestseller. Auch viele Gedichte habe ich verfasst. Die sind allerdings bis dato nur in der Versenkung erschienen. Die Verlage sind anscheinend nicht gerade begeistert von meinen lyrischen Ergüssen. Aber jetzt schreibe ich meinen ersten Roman. Der wird bestimmt ein Erfolg. Er hat was Autobiografisches und steckt voller Familiengeheimnisse. Da werden sämtliche Templins geoutet. Das kann ich mir leisten, denn zu erben ist da sowieso nichts", kokettierte der Freiherr und nippte am Schampusglas.

"Ich fürchte, die Edelmanns eignen sich nur für eine Komödie", entgegnete Eva. "Da wäre zum Beispiel meine Tante Emmi, die doch glatt auf einen Heiratsschwindler hereingefallen ist und ihr Vermögen nur dadurch zurückbekommen hat, dass sie dem netten Herrn androhte, ihn nie mehr zu verlassen. Die Geschichte von meinem Opa Eduard ist da schon eher tragikomisch. Er kam im Winter nachts total betrunken aus der Dorfkneipe und purzelte direkt in den Graben vor seinem Haus. Als meine Oma ihn am nächsten Morgen fand, stand er kerzengerade im Morast, steifgefroren wie ein Brett, mit Eiszapfen an der Nase." Eva gab noch viele Familien-Anekdoten zum Besten und Frederik notierte alles feinsäuberlich in sein Notizbuch, bis die Stewardess die Landung per Lautsprecher ankündigte.

"Die Edelmanns sind ja eine wahre Schatztruhe für außergewöhnliche Geschichten. Ideal für meinen zweiten Roman. Sie müssen mir unbedingt noch mehr erzählen, wenn wir erst wieder festen Boden unter den Füßen haben, denn jetzt muss ich mich auf die letzte Flugphase konzentrieren. Diese verdammte Flugangst!"

"Kann ich Ihnen denn irgendwie helfen?", fragte Eva fürsorglich und klappte schon mal das Tischchen vor sich hoch.

"Ohja, Sie würden mir sehr helfen, wenn ich Ihre Hand halten dürfte", sagte er mit sanfter Stimme und zwinkerte Eva zu.

Erst als der Flieger schließlich im deutschen Nieselregen gelandet war, löste der Freiherr seinen Schraubstock-Griff wieder und drückte Eva dafür seine Visitenkarte in die Hand: "So leicht kommen Sie mir nicht davon. Noch kenne ich die Edelmanns nicht in- und auswendig. Vielleicht können wir ihre interessante Familiensaga ja mal bei einem netten Essen weiter besprechen?! Rufen Sie mich doch einfach an, wenn es Ihnen danach ist", verabschiedete sich Frederik von Templin, schnappte eilig sein Handgepäck und entfleuchte Richtung Gangway.

"Wer war das denn?", näselte Christine und schnupfte lautstark in ihr Taschentuch.

"Frederik. Ein Schriftsteller. Sehr nett. Mit ihm vergingen die Stunden wie im Flug."

"Wie schön für dich! Ich habe mal wieder gelitten wie ein Hund. Die Klimaanlage hat mir die ganze Zeit eiskalt den Wind um die Nase geweht. Jetzt bin ich total erkältet und bekomme kaum noch einen Ton heraus. Meine Augen sind auch schon ganz entzündet. Außerdem saß hinter mir so eine dumme Göre, die ständig geplärrt hat, sodass ich jetzt auch noch rasende Kopfschmerzen habe. Das Essen schmeckte auch widerlich", jammerte Christine ihrer Freundin die Ohren voll und zupfte sich das Kopftuch zurecht, worunter sie ihre giftgrünen Haare versteckte. "Das war der schrecklichste Urlaub, den ich jemals erleiden musste!" Und dann kam endlich der Satz, den sich Christine eine geschlagene Woche lang verkniffen hatte: "Und du, du allein bist an allem schuld!"

Eva fühlte sich für Christines gesammeltes Urlaubspech zwar keineswegs verantwortlich, aber Mitleid hatte sie doch mit ihr. Um ihre malträtierte Freundin wieder etwas aufzumuntern und auf andere Gedanken zu bringen, versprach sie ihr zwei Kinokarten für den nächsten Abend.

Doch Christine hatte wieder Pech. Sie lag mit einer schweren Grippe im Bett und wollte nach eigener Auskunft nicht mehr ins Kino, sondern nur noch sterben. Und da Eva der nette, attraktive Schriftsteller aus dem Flugzeug sowieso noch etwas im Kopf herumschwirrte, rief sie ihn gleich mal an und lud ihn zu einem lustigen Kinoabend ein.

Mit zwei Tüten Popcorn, Gummibärchen und Cola bewaffnet marschierten die beiden in die Vorstellung und amüsierten sich köstlich über die deutsche Leinwand-Komödie. Als sie danach noch ein wenig im Foyer plauderten und sich gegenseitig das Du anboten, drückte Frederik Eva kurz darauf eine dünne Mappe in die Hand: "Die ersten dreißig Seiten von meinem Roman. Wenn wir uns das nächste Mal treffen, musst du mir unbedingt sagen, was du davon hältst. Aber ganz ehrlich, auch wenn deine gestrenge Kritik vielleicht mein sensibles Dichterherz brechen wird." Eva war total geschmeichelt, dass Frederik ihr die ehrenvolle Aufgabe als Rezensentin übertragen hatte, und versprach "Am Scheideweg", so der Arbeitstitel des Romans, nicht nur wohlwollend sondern auch durchaus kritisch zu begutachten.

Noch am selben Abend vertiefte sie sich gespannt in das Werk – und legte es schon nach fünf Seiten genervt zur Seite. Frederiks wirres Geschwafel in schwülstigen Wortgirlanden machte für sie einfach keinen Sinn. Entweder war das wirklich hohe Kunst, für die sie zu blöd war, oder ganz einfach gequirlte Hühnerkacke, wovon sie erst einmal ausging. Aber konnte sie Frederik dieses vernichtende Urteil überhaupt mitteilen? Auf keinen Fall, wenn sie seine Freundschaft nicht gleich im Keim ersticken wollte. Vielleicht würde er sich ja auch aus Verzweiflung vom Hochhaus stürzen. Ach nein, das wohl nicht gerade. Er litt ja schließlich unter Flugangst. Eva nahm sich also vor, sich ihre endgültige Meinung über den Roman erst zu bilden, wenn sie mehr davon gelesen haben würde.

Die Chance dazu bekam sie schneller, als ihr lieb war. Schon am nächsten Abend hatte sie Frederik an der Strippe. Er wollte unbedingt wissen, ob er einen neuen Fan für seine Ergüsse gewonnen hatte. Und das tat er so lieb, dass sie es einfach nicht übers Herz brachte, ihm die Wahrheit durch die Leitung ins Ohr zu schleudern: "Das hat mir echt gut gefallen. So spannend und herzergreifend; man kann sich nicht im Entferntesten ausmalen, wie die Geschichte ausgehen wird", log Eva das Blaue vom Himmel herunter.

Da kleine Lügen immer sofort bestraft werden, klingelte es zehn Minuten später an der Tür und Frederik brachte die nächsten zwanzig Seiten: "Ich wusste, dass du mich verstehst. Mir liegt wirklich sehr viel an deinem Urteil, du bist auch die Einzige, der ich das Manuskript bislang gezeigt habe." Angesichts dieses immensen Vertrauens, das Frederik ihr entgegenbrachte, nahm sie schweren Herzens und verzerrten Gesichtes den Umschlag an und versprach, noch vorm Zubettgehen darin zu schmökern. So gut hatte Eva schon lange nicht mehr geschlummert. Wüsste die Pharmaindustrie von diesem phänomenalen Einschlafmittel, sie würde wahrscheinlich sofort die Produktion sämtlicher Schlafpillen einstellen. Ganz zu schweigen von den Schlaflabors, die gleich ihre Pforten schließen könnten.

Eva kam sich zwar fürchterlich mies und hinterhältig dabei vor, aber Frederik gegenüber lobte sie das Buch in den allerhöchsten Tönen. Also brachte ihr der Schriftsteller Abend für Abend ihre Bettlektüre – und sie schlief immer prompt darüber ein. Auf Seite 278 wusste sie immer noch nicht, worüber er eigentlich schrieb und was das Ganze überhaupt sollte. Kein Wunder, sie hatte ja von jedem Kapitel immer nur maximal zwei Sätze gelesen. Außerdem hätte sie auch mal gerne etwas mit Frederik unternommen, denn obwohl sie ihn als Schreiberling nicht gerade schätzte, als Mann gefiel er ihr immer besser. Doch die gemeinsamen Stunden beschränkten sich lediglich auf den Manuskript-Austausch, so dass Eva sich langsam fragte, ob Frederik sie als Frau überhaupt registrierte. Ob sie aufgedonnert im Minirock oder mit zerzausten Haaren im Jogginganzug etwas zu seinem Buch sagte, schien ihm völlig egal.

Und dann war es endlich soweit: Der Roman war fertig. Zu Evas Überraschung hatte der erste Verlag sofort die Buchrechte gekauft und mächtig die Werbetrommel dafür gerührt. Gerade rechtzeitig zur Buchmesse kam "Am Scheideweg" als Hardcover und E-Book auf den Markt. Frederik war überglücklich und platzte fast vor Stolz: "Wenn du nicht so verständnisvoll und ungeheuer tolerant gewesen wärest, hätte ich mich mit diesem doch sehr intimen Stoff nie an die Öffentlichkeit getraut", bedankte er sich bei Eva auf dem Anrufbeantworter für ihre "Mitarbeit" als Rezensentin. "Übrigens, du musst heute Abend unbedingt das Kulturmagazin auf Arte anschauen. Da wird ein Interview mit mir gesendet. Tschüss, und drück' mir die Daumen."

Pünktlich um 23.15 Uhr schaltete Eva den Fernseher ein, um sich zusammen mit Christine das Interview anzuschauen.

"Ach, wie aufregend, wir kennen einen berühmten Schriftsteller. Jedenfalls wird er bald berühmt sein, schließlich kommt er schon im Fernsehen. Ich habe mir ja gleich gedacht, dass Frederik was drauf hat. Er muss mir unbedingt ein Buch für Dr. Weber unterschreiben. Du hast aber auch immer ein Glück mit den Männern! So ein sensibles und einfühlsames Wesen, einfach klasse. Gut, er war noch nicht mit dir im Bett, aber das kommt schon noch. Und dann bist du die Geliebte von einem großen Romanier oder wie das heißt."

"Sei doch mal still, Christine. Da ist er."

"Wie aufregend! Und wie gut er wieder aussieht. Toll!"

Eva traute ihren Augen und Ohren nicht: Der berühmte Literaturkritiker Hauke Brösel stellte Frederik von Templin als die literarische Überraschung der diesjährigen Buchmesse vor. Ihm sei es mit seinem schonungslos offenen Roman gelungen, auf spektakuläre Weise die Stimmen der Kritiker zu höchsten Lobeshymnen zu bewegen. "Und das zu einem Thema, welches in weiten Teilen der Gesellschaft absolut tabu ist: Die Transsexualität. Herr von Templin, Sie beschreiben das Schicksal von Frederike, die als Frau zur Welt kam und Tag für Tag mehr spürt, dass sie in einer falschen Hülle steckt. Denn sie denkt und fühlt als Mann. Diese innere Entwicklung schildern Sie so detailliert, so betroffen, so wirklichkeitsgetreu, dass ich Ihnen einfach diese Frage stellen muss: Trägt Ihr Roman autobiographische Züge?"

"Ja, so könnte man es ausdrücken. Es ist meine ganz persönliche Geschichte, die ich hier zu Papier gebracht habe, um anderen Menschen, die in derselben Situation sind, Mut zuzusprechen und zu sagen: Bekennt euch zu eurer Andersartigkeit, hört auf mit dem Versteckspiel! Ich weiß, dass das sehr schwer ist. Auch ich fand nur den Mut durch eine liebe Freundin, die mich tagtäglich immer wieder zu dem Roman ermutigt hat. Ihr Vertrauen in mich und mein Projekt haben mir die Kraft gegeben, heute hier zu sitzen."

Eva blieb vor dem Bildschirm fast der Atem stehen. "Autobiographisch? Frederik eine Frau?" Das konnte doch unmöglich sein. "Das hätte ich doch auf jeden Fall gemerkt. Obwohl, ohne Klamotten habe ich ihn ja nie gesehen", wirrte es Eva durch den Kopf. Hatte sie die von ihr gelesenen Halbsätze vielleicht nur deshalb nicht verstanden, weil sie es nicht wahrhaben wollte, dass Frederik eigentlich eine Frederike war? Sogar Christine hielt für sieben Sekunden den Mund, bis sie sich wieder gefasst hatte und das ganze Unverständnis aus ihr heraussprudelte: "Eva, hast du das gewusst? Nein, du hast es nicht gewusst. Hättest du dumme Nuss nur das blöde Buch gelesen. Mein Gott ist das alles peinlich. Hoffentlich erzählt er nicht überall rum, dass er mich kennt. Glaubst du, dass uns neulich jemand gesehen hat, als wir Drei bei Di Fabio waren?"

"Du hast vielleicht Sorgen! Ob uns einer gesehen hat, ist doch scheißegal. Ich war schließlich verknallt in IHN, äh, SIE oder ES oder was? Was ist er denn jetzt eigentlich, ich muss unbedingt dieses Buch lesen."

"Jetzt! Ja, jetzt wo es zu spät und mein Ruf ruiniert ist. Aber wenn du dich schon in die Buchhandlung traust, kannst du mir das Ding auch mal ausleihen. Vielleicht steht da ja sogar genau drin, was sie ihm alles abgeschnitten, beziehungsweise dranmontiert haben. Man nimmt doch schließlich Anteil! Übrigens, heißt der nun Frederik oder Frederike? Ich bin schon ganz durcheinander."

"Sag' mir lieber, was ich jetzt mit Frederik machen soll."

"Wieso machen? Natürlich nichts! So eine Ex-Frau ist doch kein Mann für dich. Wenn er überhaupt ein richtiger Kerl ist. Wahrscheinlich ist er sowieso schwul. Ich an deiner Stelle würde den voll abservieren."

Ja, ja, Christine und ihre guten Ratschläge – wie immer nicht zu gebrauchen. Schließlich ging es hier nicht um Dödel ja oder nein, sondern um hohe menschliche Werte. Denn Frederik hatte Eva immerhin zu seiner intimsten Vertrauten gemacht. Nun gut, wahrscheinlich würde nichts aus dem großen Liebespaar werden, aber andererseits war er derselbe charmante, intelligente und liebenswürdige Mann wie vorher. Und wenn Eva ehrlich war, hatte sie schon seit einiger Zeit gespürt, dass er eine gute Freundin in ihr suchte, aber keine verführerische Geliebte. Und schließlich, ein Gutes hatte das Outing ja: Jetzt konnte sie sich sagen, dass es nicht daran lag, dass sie für Frederik unattraktiv war, sondern viel kompliziertere Sachverhalte für sein Desinteresse verantwortlich waren.
Eines stand jedenfalls fest: Beim nächsten Mann würde sie erst auf die wichtigen Details, und dann in die schönen Augen schauen.

22. Vier P's auf zwölf Beinen

Christine war auf den Hund gekommen. Seit zwei Tagen konnte sie sich Frauchen nennen. Anna, ihre Kollegin aus der Praxis, hatte fünf niedliche Welpen zu verschenken und Christine war von der kleinen Crissy vom ersten Moment an entzückt. Ihre Muttergefühle gerieten bei diesem wuscheligen Wollknäuel mit den schwarzen Knopfaugen erstmals in Wallung. Obwohl erst zwölf Wochen alt, war die kleine Mischlingsdame schon stubenrein. Der tägliche Spaziergang mit dem Hund machte Christine mit der Zeit sogar richtig Spaß. Erst recht, als sie merkte, dass in ihrem Stamm-Park auch sehr ansehnliche Hundehalter spazierten.

An diesem Sonntag schloss sich Eva den flanierenden Damen an. Sie war es auch, die die beiden Männer zuerst entdeckte: "Schau mal, Tini, ein guter Typ da vorne, und das gleich doppelt."

"Guter Typ mal zwei? Wo?"

"Na da hinten, die beiden Zwillinge mit den Cocker Spaniels."

"Oh ja, die sind nicht schlecht. Pass' auf Eva, jetzt kommt Crissy zum Einsatz. Das hab' ich hundertmal mit ihr geübt", sagte Christine, flüsterte Crissy das vereinbarte Kommando ins Schlappohr und machte sie von der Leine los. Und tatsächlich, es funktionierte: Der kleine Hunde raste los und warf sich den Zwillingen direkt vor die Füße. Der Trick war echt gut: Die beiden Männer fanden Crissys Annäherungsversuch ausgesprochen originell und auch die beiden Cockerspaniels interessierten sich schnüffelnd für den Vierbeiner mit Schauspieltalent.

"Ich weiß gar nicht, woher die Kleine diese peinliche Angewohnheit hat", heuchelte Christine. "Aber eines muss man sagen, Sie hat guten Geschmack. Wirklich schöne Hunde. Wie heißen sie denn?"

"Purzel und Pimpernelle. Und wir, also mein Bruder und ich, sind Peter und Paul Plink", erklärte die eine Hälfte des zum Verwechseln ähnlichen Duos.

Die anderen fünfzig Prozent hechteten hinter den drei Hunden her, die wie angestochen durch die Rosenbeete tollten, Spaziergängern zwischen den Beinen herumsprangen und Tauben hinterherjagten.

Die stolzen Hundebesitzer waren sich auf Anhieb sympathisch. Angeregt plauderten sie über ihre vierbeinigen Freunde und deren liebenswerte Eigenarten und Macken. Die Gebrüder Plink verrieten den beiden Frauen sogar die verrückten Einschlafgewohnheiten ihrer beiden Hunde: Purzel legte sich abends erst in sein Körbchen, nachdem er als Betthupferl einen Champagnertrüffel genascht hatte. Und Pimpernelle schlief grundsätzlich nur ein, wenn Herrchen sie mit Opernarien einlullte. Die zwei kapriziösen Cockerspaniel waren auch beim Hundefutter ziemlich eigen: Während sich Pimpernelle ihr weißes Porzellanschüsselchen immer nur mit edlen Kalbsnieren in Gelee füllen ließ samt Petersiliensträußchen als Deko, akzeptierte Purzel in seinem Napf mit Gold-Monogramm ausschließlich frisches Rinderhack mit Eigelb-Topping.

Christine lauschte den Plink'schen Hundekapriolen mit einer Anteilnahme, die wohl nur ein Hundebesitzer aufbringen kann. Eva dagegen fand die Anekdötchen zwar ganz nett, aber interessierte sich doch mehr für die beiden Zweibeiner am Ende der Leinen. Da gab es nur ein Problem: Peter und Paul waren absolut identisch. Auf den ersten Blick jedenfalls: 1, 90 Meter groß, athletische Figur, Trenchcoat, Turnschuhe, Nickelbrille, rote Baseballmütze.

Eva war von dem Anblick der beiden Psychologen mit eigener Praxis fasziniert. Noch nie vorher hatte sie zweimal ein und dieselbe Luxus-Ausgabe Mann gesehen, die zudem noch denselben Beruf hatten. Wie gebannt starrte sie das Doppel an - und ortete schließlich doch einen winzigen Unterschied: Paul hatte am Kinn eine kleine Narbe.

Auch Purzel und Pimpernelle waren sich wie aus dem Gesicht geschnitten. "Die beiden sind Zwillinge, wie wir", erklärte Paul. Und Peter: "Ja, das stimmt, die Hunde sind auch eineiig. Aber das Männchen ist älter. Um genau zu sein, fünf Minuten. Apropos Zeit, wir stehen hier bestimmt schon eine halbe Stunde in der Kälte rum. Wie wäre es, wenn wir unseren Plausch bei einem Cappuccino weiterführen würden?", fragte Peter und zeigte auf das Lokal am Ende des Parks.

"Gute Idee, Bruderherz."

Dieser Gedanke gefiel den beiden Frauen sehr. Und während Christine schon mal Crissy an die Leine zurrte, bekräftigte Eva ihre Zustimmung mit einem heftigen Nicken.

Schnell war klar, dass auch die Plink-Brüder an Eva und Christine mehr Interesse hatten, als nur einen lockeren Smalltalk. Paul, der mit der Narbe, schaute Eva gefährlich tief in die Augen, während Peter absturzgefährdet in Christines Dekolleté lugte. Den beiden Frauen waren die dezenten Flirt-Angriffe äußerst angenehm, und sie bestätigten sich gegenseitig ihr Einverständnis mit der sich abzeichnenden Paarkonstellation per Stubser unterm Tisch. Dort waren die Zugehörigkeiten nicht ganz so eindeutig geregelt, aber durchaus nicht weniger prickelnd: Purzel juckelte aufgeregt auf der jungfräulichen Crissy herum und knusperte zärtlich an ihren Schlappohren. Und da Pimpernelle auch nicht leer ausgehen wollte, klammerte sie sich freudig an das wohlgeformte Tischbein. Ein netter Nachmittag!

Es war schon stockdunkel, als die lustige Gesellschaft das Lokal verließ.

"Schade, dass wir jetzt schon gehen müssen. Aber für Purzel und Pimpernelle ist es jetzt wirklich Zeit, ins Bett zu gehen, sonst sind sie morgen früh wieder unausstehlich", sagte Paul und drückte Eva einen dicken Schmatzer auf die Wange. Die Initialzündung für Peter, der sich gleich Christine vornahm. "Ja, wirklich zu schade, dass wir schon gehen müssen," meinte er und warf seiner Auserwählten einen schmachtenden Blick zu. Die reagierte sofort: "Ich habe einen Vorschlag. Bringt ihr doch eure beiden Lieblinge ins Bett, und danach kommt ihr alle zu mir zu einem gemütlichen DVD-Abend. Aber die Filme müsst ihr mitbringen. Abgemacht? Dann in einer Stunde bei mir in der Bahnhofsstraße 1a, bei Körber klingeln, okay?"

Peter und Paul Plink nickten begeistert und sagten wie aus einem Mund: "Klasse Idee, ich komme!"

Eva und Christine hasteten in die Bahnhofsstraße. Crissy konnte mit dem Tempo kaum mithalten und ihre Zunge schleifte so schnell über den Asphalt, dass sie Brandblasen bekam. "Los, Eva, beeil Dich. Meine Wohnung sieht aus wie ein Schlachtfeld, wir müssen unbedingt noch aufräumen, bevor die beiden kommen."

Während Christine ihre gesamte Garderobe in den Schlafzimmerschrank stopfte und Crissys Quietschente samt Kauknochen unters Bett kickte, fegte Eva mit dem Staubsauger durch die Wohnung. Anschließend spülte sie vier der zirka 50 dreckigen Gläser, die in der Küchenspüle standen. Den Rest verstaute sie einfach im Sideboard. Dann machte sie sich auf die Suche nach ein paar Knabbereien und fand eine halbe Packung Salzstangen, deren Verfallsdatum schon seit Monaten abgelaufen war. Egal, sie stellte die Gummistäbchen auf den Couchtisch. Den klebrigen Eierlikör in Omas Karaffe platzierte sie direkt daneben. Und damit das Ganze etwas üppiger aussah, holte sie noch die fünf Cornichons aus dem Kühlschrank.

"Vielleicht hätten wir uns doch lieber zum Essen einladen lassen sollen, als vor deinem Fernseher zu verhungern", kommentierte Eva kritisch ihr Tischarrangement, als es auch schon klingelte.

"Hier sind wir, Mädels. Mit tollen Filmen."

"Ja, wir sind hier. Und zu essen haben wir auch was mitgebracht", sagte Peter und packte mit seinem Bruder die DVDs, Doppelburger und Doppelbock-Bier aus. Jetzt konnte die Party steigen. Eröffnungsfilm des Abends: eine zum Brüllen witzige Verwechslungskomödie. Nachdem sich die Lachfalten wieder geglättet hatten, warfen die Plinks gleich den nächsten Streifen ins Gerät: Einen Psycho-Thriller, der das ganze Wohnzimmer mit Blutlachen und Leichen zupflasterte. Sämtliche Haare im Raum standen zu Berge und Crissy sah aus, als hätte sie ihre Pfötchen an der Steckdose aufgeladen. Der Schocker verfehlte nicht seine Wirkung: Wie elektrisiert klammerten sich Eva und Christine an das Doppelpack auf dem Sofa, und versteckten sich bei jeder Mordattacke ein bisschen mehr hinter den breiten Rücken der Plink-Brüder, die beschützend und nur allzu gerne ihre Arme um die bibbernden Frauen legten. Um den Puls wieder zu normalisieren, nicht aber die verknoteten Arme lösen zu müssen, schob Peter mit der großen Zehe einen Liebesfilm ein und Paul schob den Dimmer auf Minimalbeleuchtung. Als schließlich die wilde Romanze auf dem Bildschirm sich zu einem echten Drama ausweitete, kullerten Eva und Christine dicke Tränen über die Wangen und Crissy jaulte voller Mitgefühl. Die Plink'sche Filmshow war mal wieder ein absoluter Volltreffer. Von der Liebesschnulze endgültig in Wallung gebracht, schmusten Paul und Eva nun filmreif auf der Wohnzimmercouch, während Christine Peter im Schlafzimmer den Oscar verlieh...

Es sollte nicht bei einer gemeinsam verbrachten Nacht bleiben. Das männliche Doppelpack und das weibliche Duo wurde schnell zu einem eingeschworenen Quartett, das die Stadt Abend für Abend unsicher machte. Eva und Christine genossen die Auftritte mit Peter und Paul, die es liebten, ihre Mitmenschen mit ihrem Zwillingsspiel zu veräppeln: ob sie eine Bedienung im Restaurant mit doppelter Tischreservierung verwirrten, eine Politesse beim Strafzettelschreiben mit zweifachem Unschuldsblick völlig aus der Fassung brachten oder einen Kontrolleur beim Schwarzfahren mit einem Fahrschein und einer dummen Ausrede zur Weißglut trieben. Besonders perfekt beherrschten die beiden das Verwechslungsspiel beim Klamottenkauf. Neulich zum Beispiel wären Christine und Eva beim Herrenausstatter vor Peinlichkeit am liebsten im Erdboden versunken. Und das kam so: Nur zum Spaß kaufte Paul in dem Nobelladen ein auffällig bunt gemustertes Freizeithemd. Für das schrille Luxusstück legte er vier grüne Scheine auf den traditionsreichen Tresen. Die freundliche Verkäuferin alter Schule wickelte das sündhaft teure Hemd in zartes Seidenpapier, legte die Geldscheine mit spitzen Fingern in die Kasse und schleimte über ihre Goldrand-Lesebrille hinweg: "Ich darf Sie zu Ihrem Kauf beglückwünschen. Wenn jemand dieses exquisite Stück tragen kann, dann Sie. Beehren Sie uns bitte bald wieder, mein Herr."

Das hätte das ältere Fräulein besser nicht gesagt. Denn nur zehn Minuten später betrat Paul das Geschäft zum zweiten Mal – diesmal mit Christine und Eva im Schlepptau. Die blonde Verkäuferin im dunkelblauen Kostüm erspähte ihren offenbar finanzkräftigen Kunden sofort und eierte direkt auf ihn zu: "Womit kann ich Ihnen denn jetzt behilflich sein, mein Herr?"

"Es ist mir wirklich sehr unangenehm. Aber meine beiden Frauen sind der Meinung, dass dieses Hemd doch eher etwas für , na, Sie wissen schon, für warme Brüder ist."

"Warm, mein Herr? Aber das ist ausgesprochene Sommerqualität, sehr angenehm kühl zu tragen", erklärte die ausgezeichnete Fachkraft mit 'Verkaufsnadel am goldenen Band' und warf einen giftsprühenden Blick auf die ihren Kunden flankierenden Frauen.

"Ich glaube, Sie haben nicht ganz verstanden. Die beiden hier sagen, das Teil ist nur was für Schwule. Nichts für ungut, Verehrteste, aber ich möchte es doch lieber zurückgeben."

Die diplomierte Top-Verkäuferin klimperte indigniert mit den Wimpern und sagte verschnupft: "Ganz wie Sie wünschen. Aber das Geld kann ich Ihnen nicht zurückgeben. Ich stelle Ihnen eine Gutschrift aus." Als sie Paul den Zettel in die Hand drückte, beschlug vor Wut die Lesebrille und ihre Nasenflügel vibrierten.

Mit einem fröhlichen "Tschüüss" verließen die Drei den Herrenausstatter. Draußen auf der Straße wartete schon Peter auf sie, der sich den ersten Teil der Geschichte erzählen ließ. Als sich seine Lachmuskeln wieder entspannt hatten, schnappte er sich Eva und Christine und eröffnete den zweiten Akt der Verwechslungskomödie. Die Verkäuferin war gerade dabei, das Hemd wieder zurück ins Regal zu legen, als Peter ihr lauthals entgegenrief: "Halt, halt, Verehrteste, das ist ja genau so ein Hemd, wie ich es schon immer gesucht habe. Diese Farben, dieses Material, einfach toll!"

Die Verkäuferin drehte sich auf dem Absatz rum und starrte das Trio mit aufgerissenem Mund entgeistert an. Das Hemd ließ sie dabei vor Schreck auf den Boden fallen.

"Ein absolutes Traumteil. Das würde ich gerne mal anprobieren", trieb Peter das Ganze auf die Spitze.

"Aber, wieso denn? Sie wollten doch...", stammelte sie und griff nach dem Hemd, das Peter inzwischen vom Boden gefischt hatte. Da standen die beiden nun, jeder mit einem Ärmel in der Hand, keiner bereit, es loszulassen.

"Gute Frau, Sie scheinen etwas überarbeitet zu sein. Nun geben Sie mir das Ding doch schon", sagte Peter resolut und schnappte sich die Ware.

"Nein! Sie bekommen das Hemd nicht, Sie nicht! Erst wollten Sie es unbedingt, dann war es Ihnen zu warm und jetzt tauchen Sie zum dritten Mal auf und tun so, als würden Sie das Hemd zum ersten Mal sehen. So geht das nicht. Wir sind ein seriöses Geschäft und immer für die Kunden da. Aber das geht zu weit!", sagte die Verkäuferin mit bebender Stimme, sichtlich bemüht, Haltung zu bewahren.

Just in diesem Moment öffnete sich erneut die schwere Flügeltür des Herrenausstatters und Paul trat freundlich lächelnd herein. Die Verkäuferin traute ihren Augen nicht, ließ sich, der Ohnmacht nahe, auf einen der goldenen Barockhocker sinken. Sie glaubte an Wahnvorstellungen und deutete mit ausgestrecktem Finger auf die Erscheinung, die geradewegs auf ihr Ebenbild zumarschierte und meinte: "Hey, echt scharf, das Hemd. Gibt's das noch mal?"

Zu einer Antwort war die Verkäuferin schon lange nicht mehr fähig. Wie in Trance nickte sie nur mit dem Kopf. Herrn Bernheym, dem Geschäftsführer, war der besorgniserregende Zustand der Frau mittlerweile auch aufgefallen. Schnell winkte er eine Kollegin herbei, die sich um seine Spitzenkraft kümmern sollte, und nahm sich selbst der offenbar sehr schwierigen Kundschaft an, die ihre zwei Hemden nun endlich bezahlen wollte. Als er sie schließlich mit den Worten "Beehren Sie uns bitte bald wieder" verabschiedete, brach die Verkäuferin hinter dem Vorhang mit einem spitzen Schrei zusammen.

Mit den Plink-Brüdern kam wirklich nie Langeweile auf. Doch dann trieben sie ihr Verwechslungsspiel wirklich zu weit. Und das Ganze war nur möglich, weil sich die beiden auf einmal mit Bart gefielen. Dadurch konnten selbst Eva und Christine die Zwillinge nicht mehr auseinanderhalten.

Eines samstagnachts kamen die Vier ziemlich aufgekratzt von einer Party ins Plink'sche Domizil. Sie waren in äußerst ausgelassener Stimmung und aus einem Schlummertrunk wurden schnell zwei Flaschen Bordeaux. Da Eva und Christine den ganzen Tag über so gut wie nichts gegessen hatten, stieg ihnen der Alkohol besonders zu Kopf. Beide ließen sich lallend von einem Plink ins Bett bringen und wirkten bei dem allabendlichen Nümmerchen eher ermattet als erregt. Dennoch passierte es – einmal in dem Zimmer von Paul, einmal in dem Zimmer von Peter.

Es war zehn Uhr morgens - die Liebenden schliefen noch tief und fest, als es an der Tür Sturm klingelte. Ein Bart berappelte sich und öffnete schlaftrunken die Tür. "Paul, mein Junge", stapfte Paula Plink selbstbewusst an ihrem Sohn vorbei, "Du bist wohl wieder sehr spät ins Bett gekommen, ich mache uns jetzt erst einmal eine schöne Tasse Kaffee, mein Hase. Frische Brötchen habe ich auch mitgebracht", verkündete sie und verschwand in der Küche, während Paul wieder ins Bett schlurfte.

Auch Christine war durch das schrille Klingeln wach geworden und hatte durch die offene Zimmertür alles mitgehört. Mit einem höchst unguten Gefühl in der Magengrube und einer bösen Vorahnung kuschelte sie sich scheinheilig an ihren Bettgenossen, um ihn genauestens zu inspizieren. Und tatsächlich, da war sie: Pauls Narbe! Erschrocken sprang sie aus den Federn, schrie irgendwas von "Vergewaltigung", "elender Schweinepriester" und "dich mach' ich fertig", um Paul sogleich eins mit dem dicken Kauknochen von Purzel zu versetzen. Der hüpfte wie von einer Tarantel gestochen von der Matratze und flüchtete verängstigt in den Flur. Christine mit dem Kauknochen hinterher. Als Paul wimmernd und verbeult um Gnade winselte, ließ sie von ihrem Opfer ab und enterte das Zimmer, in dem Eva mittlerweile nicht mehr schlief. Peter wusste längst, was die Stunde geschlagen hatte und versuchte unentdeckt mit der Decke über dem Kopf unters Bett zu robben. Vergebens. Christine setzte zum Sprung an und warf sich in voller Länge auf den falschen Fuffziger. "Eva, diese Hurensöhne haben uns heut' Nacht ausgetauscht. Erst besoffen gemacht und dann einfach ausgetauscht", plärrte Christine und trommelte mit den Fäusten auf dem Verräter unter sich herum. Dann brachte sie eine gekonnte Oberschenkelgrätsche zum Ein-

satz und schnürte Peter die Luft ab, bis er matt den weißen Bettzipfel schwenkte. Bedingungslose Kapitulation!
"Klasse Tini. Und jetzt zu Paul. Wo ist der fiese Hund?"
"Der liegt ausgeknockt im Flur."
"Okay! Dann geh' ich jetzt raus und gebe ihm den Rest. Der hier gehört dir", stieß Eva mit Wucht die Tür auf und donnerte sie Paul, der seinem Bruder gerade zur Hilfe kriechen wollte, direkt vor die Stirn. K.O.!

Mutter Plink hatte von all dem nichts mitbekommen. Eine gesunde Schwerhörigkeit und die zackige Marschmusik aus dem Radio hatten die Schlacht- und Hilferufe gänzlich übertönt. Genauso wie den blitzartigen und endgültigen Abmarsch von Eva und Christine. Also flötete sie ahnungslos aus der Küche: "Frühstück ist fertig, meine Hasen."

Doch das musste sie ihren beiden Jungen an diesem Morgen in der Schnabeltasse servieren .

23. Wiederbelebungsversuche

Wie immer, wenn Christine Männerfrust hatte, machte sie sich auch diesmal auf einen Streifzug durch ihre Lieblingsboutiquen, um ihr Selbstbewusstsein wieder aufzupolieren. Als die Geschäfte schlossen, war sie beladen wie ein Packesel und fühlte sich schon sichtlich wohler. Vor allem wegen des absoluten Schnäppchens, das sie geschossen hatte: ein schrecklich-schönes Bustier mit Perlenstickerei für nur sage und schreibe 29,90 Euro. Genau das Richtige für die Praxis-Fete morgen Abend. Das musste sie unbedingt sofort Eva vorführen.

Der Mercedes parkte vor dem Haus, Eva musste also zuhause sein. Christine hastete die Treppen hoch und klingelte Sturm, worauf ihre Freundin erschreckt die Tür aufriss: "Ach, Du bist es, Tini."

"Ja wer denn sonst? Ich muss dir unbedingt sofort meine neuen Klamotten zeigen", schnaufte Christine atemlos und stürmte an Eva vorbei ins Wohnzimmer. "Was will der denn hier?", blieb sie verdutzt im Türrahmen stehen und starrte aufs Sofa. Dort lümmelte, die Füße auf dem Tisch, ein alter Bekannter im Kimono: Herby, der Comic-Zeichner.

"Er ist gerade erst gekommen. Ich war genauso überrascht wie du", erklärte Eva. "Schau mal, was er mir für schöne Blumen mitgebracht hat."

"Bis vor ein paar Tagen wusste ich selbst noch nicht, dass sich mein Japan-Job längst erledigt hat. Tja, und hier bin ich wieder", begründete Herby seinen Überraschungsbesuch und grinste verlegen.

"Da hast du dich mit deiner Ikebana ja richtig in Unkosten gestürzt, Herby. Wenn das mal keine Fehlinvestition ist!", kommentierte Christine schnippisch den dicken Strauß und warf dem Rosenkavalier einen verächtlichen Blick zu.

"Christine, komm' du mal mit in die Küche. Wir kochen uns jetzt erst mal einen Kaffee", zerrte Eva ihre Freundin aus dem Zimmer und flüsterte ihr zu: "Du bist immer so brutal."

"Brutal? Der Typ verlässt dich nur wegen seiner blöden Karriere und nun sitzt er plötzlich wieder dick und fett auf deinem Sofa und tut so, als sei nichts gewesen. Das ist doch das Allerletzte!"

"Nun sei doch nicht so. Eine Tasse Kaffee kann man ja wohl zusammen trinken."

"Du bist immer viel zu gutmütig. Eins sag' ich dir, der Typ will dich bestimmt wieder anbaggern. Mich würde es überhaupt nicht wundern, wenn er sich bei dir gleich häuslich niederlässt. Seine Wohnung hat er doch damals gekündigt."

"Quatsch! Ich lass' Herby doch hier nicht einziehen. Und außerdem wäre er niemals so geschmacklos. Nach all dem, was passiert ist", meinte Eva im Brustton der Überzeugung und marschierte mit den Kaffeetassen ins Wohnzimmer. Christine mit gerunzelter Stirn und den Keksen hinterher: "Und sag' ihm, er soll gefälligst die Füße vom Tisch nehmen!"

"So lässt sich's aushalten. Ich hatte schon ganz vergessen, wie gemütlich es bei dir ist", sagte Herby ganz relaxt und schob sich ein Kissen in den Nacken.

"War wohl nix mit Japan. Ich denke, es hat dir so gut gefallen", begann Christine zynisch die Konversation.

"Hat es auch, aber die Geldgeber des Projektes haben in letzter Minute einen Rückzieher gemacht. Wenn's um Kohle geht, sind die Japaner knallhart. Dabei war die Filmidee echt gut. Die wollten mit dem Multimedia-Projekt sogar an die Börse. Jetzt will ich mal gucken, ob sich die Sache hier realisieren lässt. Mit neuen Investoren. Aber zuerst muss ich sehen, wo ich unterkommen kann."

Christine hörte die Nachtigall mehr als trapsen und knuffte Eva in die Seite. Die wusste vor Schreck nicht was sie sagen sollte und schob sich erst einmal einen Keks zwischen die Zähne.

"Hast du denn schon was in Aussicht?", fragte Christine scheinheilig.

"Nicht direkt. Aber ich habe da so eine Idee", stammelte Herby, nahm Haltung an und schaute Eva tief in die Augen. "Weißt du, Evchen, deine Wohnung ist doch sehr geräumig und eigentlich viel zu groß für nur eine Person. Und wir beide haben uns doch schon immer sehr gut verstanden. Vielleicht könnte man ja..."

"Das glaube ich nicht!", unterbrach Christine Herbys Zukunftsplanung. "Evchens Freund hätte mit Sicherheit was dagegen."

Eva blieb der Keks im Hals stecken. Was hatte ihre Freundin denn bloß jetzt schon wieder vor?

"Also, dieser Jean-Marc, ein toller Mann. Und so erfolgreich. Filmemacher. Eine echt gute Partie. Mit Segelyacht, Penthouse-Wohnung und so. Ich sag' dir, der verwöhnt Eva, man könnte direkt neidisch werden..."

Jetzt erstickte Eva fast an ihrem Keks und verkrümelte sich lieber ins Bad. Auch Herby schien sich nicht gerade wohl zu fühlen. Wie eine Marionette ohne Puppenspieler hing er schlapp und leichenblass in den Kissen, während Christine ihrer Phantasie weiter freien Lauf ließ: "Riesengroß ist er und eine Figur hat der, ich sage nur Spitzenklasse. Man redet ja eigentlich nicht drüber", beugte sie sich vor, um ihrem Opfer jetzt den Todesstoß zu versetzen "aber unter uns: auch im Bett soll er eine absolute Kanone sein. Und das Allerschönste für Eva: Er will sie sobald wie möglich heiraten und viele Kinder mit ihr haben...!"

Sie hatte ihre Ausführungen noch nicht beendet, als Herby sich vom Sofa hochquälte und mit hängenden Schultern wortlos aus der Wohnung schlich. Als Eva Minuten später aus dem Badezimmer kam, saß Christine dick und fett auf dem Sofa, die Füße auf dem Tisch, ein triumphierendes Lächeln im Gesicht, eine rote Rose zwischen den Zähnen.

"Wo ist er, was hast du mit ihm gemacht?"

"Genau das Richtige! Aber jetzt zum Wesentlichen: Schau dir nur mal dieses tolle Bustier an, ein richtiger Männer-Killer!..."

Wie sinnig in einer Urologen-Praxis! Zwar war Christine trotz Bustier bei keinem Mann über das Flirt-Stadium hinausgekommen, doch die Fete bei Dr. Weber war trotzdem ein voller Erfolg bis in die frühen Morgenstunden. Das sah man Christine aber auch verdammt an: Dicke Augen, dunkle Ringe, eingefallene Wangen, Seemannsgang. Der Restalkohol machte ihr noch ziemlich zu schaffen, obwohl sie zehn Aspirin gefrühstückt hatte. Die

Patienten im Wartezimmer nahm Christine nur schemenhaft war, und als sie Behandlungsraum 2 betrat, erschien ihr sogar eine Fata Morgana: Vor ihr stand Luggi, der Lutscher, nackt wie Gott ihn geschaffen hatte, nur mit einem roten Lolli bekleidet.

"Luggi, du hier?", fragte Christine ungläubig und war auf einen Schlag wieder stocknüchtern.

"Hi, Püppi. Na ja, du weißt doch, mein kleines Problem. Also ich hab's immer noch. Und weil du mal gesagt hast, dein Chef kann da was machen, bin ich jetzt eben hier."

"In voller Pracht, wie ich sehe. Aber jetzt erst mal hopp, hopp auf den Röntgentisch. Dr. Weber kommt gleich. Nachher nehme ich dir noch ein bisschen Blut ab, Schätzchen", kündigte Christine mit sadistischem Unterton an. Dann ging sie zu ihrem Chef, um ihn eingehend über Luggis peinliche Ladehemmung aufzuklären. "Und quälen Sie ihn ruhig ein bisschen, Boss!"

Über eine halbe Stunde widmete sich Dr. Weber seinem neuen Patienten. Dann stand die Diagnose fest: "Toxicatia anabolica". Der Bodybuilder hatte einfach zu viel Kraftpillen geschluckt. "Und die machen aus jeder Stierlatte einen Ochsenschwanz", erläuterte der abgebrühte Urologe und begeisterte sich über den interessanten Fall, an dem er noch viel Freude haben würde. "Lassen Sie sich von meiner Sprechstundenhilfe gleich einen neuen Termin geben. Nur nicht hängenlassen, das wird schon wieder, junger Freund."

Mister Anabolika erschien jetzt jeden zweiten Tag zur Behandlung. Und jedes Mal sah er etwas kümmerlicher aus. Seine ehemals prallen Muskeln sahen jetzt aus wie Ballons, denen die Luft Tag für Tag mehr ausgeht. Christine beobachtete den Schrumpfprozess mit größtem Vergnügen. Das einzige, was an Luggi nicht kleiner wurde, war sein unerschütterliches Selbstbewusstsein: "Du Püppi, ich brauch' noch mal einen neuen Termin. Und wo wir gerade dabei sind, willst du nicht mal wieder bei mir vorbeischauen? Abends, meine ich."

"Ach, und was soll das bringen? Bei deiner Diagnose."

"Naja, aber du weißt ja wenigstens schon Bescheid. Da kann ich mich nicht mehr blamieren. Aber bei 'ner anderen. Außerdem mag ich dich ja irgendwie, Püppi", schleimte der lüsterne

Schlappschwanz ungeschickt. Er wollte gerade seinen derben Annäherungsversuch mit den großen Pranken handfest fortsetzen, als Christine endgültig der Kamm schwoll und sie einen energischen Ausfallschritt zurück machte. Sie holte mit dem rechten Spielbein weit aus, fixierte das linke Standbein noch einmal fest am Boden und trat Luggi dann mit Karacho in die Eier. Volltreffer! Der saft- und kraftlose Hüne brüllte wie ein Stier, spuckte vor Schreck Christine seinen klebrigen Lolli in den Kittel und brach dann wimmernd auf dem Praxis-Linoleum zusammen. "Das war's!" Jetzt musste Christine nur noch Dr. Weber schonend beibringen, dass er gerade einen Langzeitpatienten verloren hatte.

Doch ein Gutes hatte Christines schlagfertiger Auftritt: Zum ersten Mal seit Monaten schwoll Luggis Schwellkörper wieder...

Die Amazone war mächtig stolz auf sich und wollte Eva schnellstens von ihrem Drauf-Tritt berichten. Aber sie hatte kein Glück, ihre Freundin war weder in der Redaktion noch zuhause erreichbar.

Weil sie gerade mit ihrem alten Mercedes an der Kreuzung einer vierspurigen Hauptstraße im Stau stand. Dort waren genau vor ihrer Nase drei Autos ineinander gerasselt. Spontan sprang sie aus dem Wagen, um zu helfen. Doch an der Unfallstelle war schon ein eifriger Samariter mit einem großen, roten Verbandskoffer im Einsatz: Egon Schmidtmüller, der Urlaubsretter von Guruguru. Professionell hantierte der kahlköpfige Mann im beigen Blouson mit großen Pflastern, langen Mullbinden und Jodfläschchen und nahm Eva gar nicht wahr. Erst als der Notarztwagen die Verletzten abtransportiert hatte, entdeckte er sie und strahlte: "Oh, Fräulein Eva, was für eine nette Überraschung. Ist Ihre Freundin auch hier?"

"Nein, nein, keine Angst. Sie können Ihren Koffer ruhig zumachen. Übrigens: seit dem Urlaub hatte sie keinen einzigen Unfall mehr. Toi, toi, toi! Aber jetzt muss ich wirklich mein Auto von der Kreuzung fahren. Kann ich Sie irgendwohin mitnehmen?"

"Ja gerne, bis zur nächsten Stadtbahn-Haltestelle."

Als sie zusammen in Evas Mercedes saßen, begann Eva sofort das Gespräch mit dem bis dahin sehr sympathischen und einsatzfreudigen Herrn Schmidtmüller: "Also wie Sie das vorhin gemacht haben, toll! Da saß einfach jeder Handgriff. Ich hätte das nicht gekonnt, trotz Erste-Hilfe-Kurs.

"Ja, das ist ein Problem. So geht's den meisten. Und sie haben natürlich auch alle nicht die richtige Ausrüstung. Apropos: das ist jetzt überhaupt das Wichtigste – den Koffer sofort wieder auffüllen. Da darf nichts fehlen, wenn ich wieder zum Einsatz muss. Ich sage immer, bereit sein ist alles. Das ist mein Motto. So habe ich in den vierzig Jahren, die ich jetzt bei der Freiwilligen Feuerwehr bin, schon unzählige Menschenleben gerettet. Das geht nur mit Disziplin. Meine Frau war ja immer der Meinung, ich übertreibe, weil der Verbandskoffer jede Nacht neben meinen Pantoffeln vor dem Bett steht. Aber im Notfall zählt jede Sekunde. Das hat sie mittlerweile auch kapiert. Früher wusste sie kaum, wie ein Pflaster aussieht, heute ist sie fast so fit wie ich. Wenn Sie wollen, kann ich es Ihnen auch beibringen, Fräulein Eva", bot der selbsternannte Helfer in allen Notlagen an.

"Das ist ganz reizend von Ihnen. Aber das kann ich doch nicht annehmen", versuchte Eva die ungewollte Ausbildung zum Sanitäter abzuwehren. "Doch, doch, das mache ich doch gerne", blühte Egon Schmidtmüller beim Gedanken, aus Eva einen Rettungsprofi zu machen, auf.

"Und Ihre Frau?"

"Ach was, die kennt das schon. Am besten, wir fangen noch heute Abend mit dem Unterricht bei Ihnen zuhause an. Drei Wochen, schätze ich, dann sind Sie einsatzfähig!"

Die theoretische Einführung begann schon auf der Fahrt zu Evas Wohnung. Deshalb wusste Eva auch schon, dass als erstes schwere Kopfwunden auf dem Programm standen. "Haben Sie Ketchup?", fragte Egon Schmidtmüller, als er im Wohnzimmer seinen Verbandskoffer öffnete und seine "Folterwerkzeuge" feinsäuberlich auf dem Couchtisch ausbreitete.

"Ketchup? Warum denn Ketchup?"

"Wir haben hier schließlich eine stark blutende Platzwunde."

"Können wir denn nicht nur so tun als ob?"

"Auf keinen Fall. Das muss schon echt aussehen. Sonst kann ich nicht arbeiten", sagte Herr Schmidtmüller resolut, ließ sich die Ketchup-Flasche aus dem Kühlschrank reichen und drückte die Schwerverletzte ins Sofa. Mit einem satten Plopp verpasste er Eva etwa 0,5 Liter klaffende Kopfverletzung auf ihre frischgewaschenen Haare. "Und jetzt stöhnen. Sie haben schließlich starke Schmerzen."

Aber Eva war jetzt störrisch: "Nein, ich will jetzt ohnmächtig sein." Sie stöhnte dann aber doch, weil ihr die rote Tomaten-Curry-Pampe in die Augen lief und brannte. Herr Schmidtmüller war mit der Geräuschkulisse sehr zufrieden und wickelte eine Mullbinde nach der anderen um Evas Schädel. "Die Blutung lässt sich kaum stillen. Aber halten Sie still, bald haben Sie es überstanden."

Darauf hoffte auf Eva und versuchte, den ausgeflippten Sanitäter mit einem Trick so schnell wie möglich loszuwerden: "Herr Schmidtmüller, das haben Sie wirklich 1a hingekriegt. Ich fühle mich schon viel besser. Aber ich glaube, jetzt brauche ich doch etwas Bettruhe. Mit solchen Verletzungen ist schließlich nicht zu spaßen", flunkerte das Unfallopfer und packte schnell das Verbandszeug in den roten Koffer.

"Genau, Fräulein Eva. Sehr gut, Sie haben schon gelernt. Dann machen wir eben morgen weiter. Mit der Lektion zwei: offene Knochenbrüche."

Bevor der passionierte Retter dieses Spezialgebiet näher erläutern konnte, bedankte sich Eva schnell für das fachgerechte Verarzten und schob ihn aus der Wohnungstür. "Bis morgen, 19 Uhr", hörte sie ihn noch aus dem Hausflur rufen.

Eva wollte sich gerade von der schmierigen roten Pampe befreien, als es klingelte und Christine an der Strippe war: "Mensch, wo warst du denn? Ich habe heute schon zehnmal bei dir angerufen. Ich muss dir unbedingt was erzählen."

Christine schilderte ausführlich ihre beinharte Auseinandersetzung mit Luggi Lutscher, der in diesem Augenblick mit einem Eisbeutel zwischen den Beinen auf dem Wasserbett im Wohnmobil dahindümpelte. Mit Genuss beschrieb sie Eva jedes kleinste Detail ihres Triumphes in der Weber'schen Praxis, der aus dem hartgesottenen Macho Luggi in Nullkommanichts einen wachsweichen Softie gemacht hatte. Applaus, Applaus. Aber Evas Mullbinden-Abenteuer war auch nicht von schlechten Eltern.

Christine lachte sich halb kaputt über den schrulligen Schmidtmüller mit dem Helfersyndrom. "Der hat auf Guruguru wohl zu viel Sonne abgekriegt. Wenn er morgen wieder vorbeikommt, mache ich Fotos. Das wird ein Heidenspaß", machte sich Christine über ihre Freundin mit dem roten Punkerkamm lustig.

"Spinnst du. Du glaubst doch wohl nicht im Ernst, dass ich morgen zuhause sein werde, wenn dieser Verrückte wiederkommt. So, und jetzt muss ich unter die Dusche, meine Platzwunde abspülen. Also tschüss."

Eva drückte sich bis 20 Uhr in ihrem Redaktionsbüro herum, bis sie es wagte, den Heimweg anzutreten. Den Mercedes parkte sie vorsichtshalber um die Ecke. Auf Zehenspitzen schlich sie, den Blick in alle Richtungen schweifend, zur Haustür, immer in der Hoffnung, Egon Schmidtmüller würde längst wieder mit seinem Verbandskoffer neben seiner Frau auf dem Sofa sitzen. Pech gehabt! Ihr Erste-Hilfe-Lehrer saß schon seit über einer Stunde auf dem Treppenabsatz vor der Wohnung.

"Sie sind jetzt genau 77 Minuten zu spät, Fräulein Eva. Jetzt müssen wir uns aber mächtig ranhalten, damit wir das Pensum noch schaffen. Sie wissen ja, komplizierte Brüche stehen auf dem Lehrplan."

Eva brachte es in diesem Moment nicht übers Herz, den Rentner mit der Helfermacke auf die Straße zu setzen. Nur eine Bedingung hatte sie: "Heute kein Ketchup!"

Kaum in der Wohnung, beförderte Herr Schmidtmüller Eva mit einem gekonnten Griff in die Horizontale auf dem Parkettboden. "Das wird jetzt ziemlich wehtun. Schließlich haben sie einen komplizierten offenen Splitterbruch des linken Schienbeins", diagnostizierte der emsige Egon und stopfte Eva eine Rolle Mull zwischen die Zähne. "Damit Sie sich nicht vor Schmerzen auf die Zunge beißen. Keine Angst, es ist nur zu Ihrem Besten. Aber das muss jetzt sein."

Mit einem flinken "Rrratsch" schnitt er Evas nagelneue Jeans in Fetzen, um die Bruchstelle am Bein freizulegen. Evas röchelnder Protest nutzte gar nichts. Im Gegenteil: Er wurde von Egon

Schmidtmüller vollkommen fehlinterpretiert. "Fräulein Eva, ich weiß ja, wie sehr Sie leiden. Sie stehen jetzt unter einem schweren Schock. Und brauchen dringend eine kalte Kompresse", verordnete er, stand auf, um ein nasses Handtuch zu holen und stolperte prompt über das schwerverletzte Unfallopfer. Da lag er nun neben Eva und rührte sich nicht mehr. Auch bei näherer Begutachtung gab Egon kein Lebenszeichen von sich. Als Eva sich bereits überlegte, wie sie der Polizei eine Leiche in ihrem Wohnzimmer plausibel machen konnte, klingelte es auch noch und Christine schneite herein.

"Wie ich sehe, seid ihr ja schon mittendrin im Unterricht. Ah, Herr Schmidtmüller spielt heute den Verletzten. Das macht er aber verdammt gut. Und warum kaust du auf einer Mullbinde herum? Gehört das etwa auch zum Training?", plapperte Christine und zückte ihr Handy, um den Unfallort zu knipsen. Eva riss' sich den Knebel aus dem Mund und fauchte: "Mensch, lass' den Scheiß, ich glaube, der Kerl ist tot." Jetzt bekam auch Christine Panik und alarmierte schnell den Notarzt, während Eva ihr Ohr auf Schmidtmüllers Brust legte, und ein zaghaftes Pochen hörte. "Ein Glück, tot ist er nicht!"

Als der Notarzt mit seinen Helfern Minuten später in die Wohnung stürmte, war Egon wieder bei Bewusstsein. Nur bewegen konnte er sich keinen Millimeter. Das hielt ihn aber überhaupt nicht davon ab, den Weißkittel gleich mit seiner hausgemachten Diagnose zu überfallen: "Herr Doktor, ich bin sicher, der dritte oder vierte Lendenwirbel ist in Mitleidenschaft gezogen. Vermutlich nur ausgerenkt. Am besten, Sie schieben mir für den Transport ein Luftkissen unter. Sie haben doch ein Luftkissen?", nervte der Hobby-Medicus den Profi-Mediziner. "Stabilisieren ist jetzt das A & O, Herr Kollege. Bei dieser Verletzung muss der Patient ruhiggestellt werden, absolut ruhiggestellt, hören Sie!"

Der Meinung war auch der gestresste Notarzt. Er öffnete langsam seinen Notfallkoffer, zog unbemerkt ein chloroformgetränktes Tüchlein heraus und drückte es der wehrlosen Nervensäge von hinten auf die Nase. Ruhiggestellt!

Obwohl Egon Schmidtmüller Evas Sofa mit Ketchup total verhunzt und ihre neue Lieblingsjeans mit der Schere zerfetzt hatte, war sie nicht nachtragend und besuchte den übereifrigen Samariter zusammen mit Christine in seinem Gipsbett. Dem ging es auch schon wieder einigermaßen. So gut, dass er zwei Stunden lang über den Sturz, die häufigste Unfallursache im Haushalt, referierte. Erst als die resolute Oberschwester Sophia mit der Nachmittagsspritze antanzte, wandte er sich von Eva und Christine ab und hielt der Quasi-Kollegin einen Vortrag: "Schwester, am besten, Sie lassen mich mal. Ich zeige Ihnen gerne, wie man die Nadel ansetzt, damit der Patient nicht einmal den Piekser spürt. Geben Sie doch mal her..."

Während Egon mit Schwester Sophia lautstark um die Spritze kämpfte, machten sich die beiden Besucherinnen schnell aus dem Staub und flüchteten auf den Krankenhausflur.

Am Ende des langen Ganges kam ein riesiger Stapel Keksdosen auf sie zu. Vom Träger war nichts zu sehen. Und der sah offenbar auch nichts. Er steuerte nämlich schnurstracks auf die zwei Frauen zu. Sie versuchten noch, einem Zusammenprall zu entgehen, doch die zwei geparkten Krankenbetten rechts und links von ihnen verhinderten das Ausweichmanöver und die Keksdosen rollten scheppernd über den frisch gewienerten Fußboden. Sechs Augen starrten ihnen verdutzt hinterher.

"Verzeihung, äh, ich habe Sie wirklich nicht gesehen", entschuldigte sich der Mann im eleganten Flanellanzug, dem der Zusammenstoß sichtlich peinlich war.

"Herr Liebermann, der Manager aus der Chef-Etage bei Biehlsen! Das ist ja eine Überraschung. Erinnern Sie sich denn nicht? Es war bei Bruno in der Galerie. Wie haben uns so nett unterhalten. Stichwort Hodenkrampfadern. Sie wissen noch? Eva, das ist Laurenz Liebermann."

"Angenehm, sehr angenehm. Aber das schmälert nicht die Peinlichkeit meines Auftritts", entschuldigte sich der Keks-Mann noch einmal.

"Ach, nicht so schlimm. Das kann doch jedem mal passieren und die leckeren Kekse fangen wir schon wieder ein. Für wen sind die eigentlich?", fragte Christine neugierig.

"Bei mir wurde vergangene Woche ein kleiner Eingriff vorgenommen. Die Mandeln wohlgemerkt! Nun wollte ich den reizenden Schwestern ein kleines Dankeschön für ihre Mühe mit mir vorbeibringen. Jetzt muss ich das Naschwerk aber erst einmal wieder einsammeln, bevor noch jemand darauf ausrutscht."

"Wir helfen Ihnen! Nicht wahr, Eva?"

"Tut mir echt leid, aber ich muss jetzt wirklich in die Redaktion zurück. Sonst kriege ich Ärger mit meinem Chef. Also tschüss, und viel Erfolg bei der Krümelsuche."

Auf allen Vieren krochen Christine und Laurenz Liebermann über die Station, vorbei an Infusionsständern, Bettpfannen, Rollstühlen, und sammelten die knusprigen Waffeln, Schokokringel, Vanillekipferl und Blätterteigherzen ein. Die Arzthelferin bemerkte in ihrem Eifer gar nicht, dass Laurenz Liebermann sich weitaus mehr für ihre Oberweite als für die verstreuten Kekse interessierte. Mit leuchtenden Augen rutschte er ihr auf dem spiegelblanken Linoleum hinterher.

"So, ich glaube, wir haben jetzt alle, und essen kann man sie auch noch. Im Krankenhaus ist doch immer alles desinfiziert", strahlte Christine und drückte dem Biehlsen-Manager den letzten Schokokringel in die Hand.

"Das war wirklich ganz entzückend von Ihnen, mir zu helfen", bedankte sich Laurenz Liebermann, gab Christine einen feuchten Handkuss und kitzelte dabei mit seiner Nase fast ihren üppigen Vorbau.

Christine wurde nervös und schaute verlegen auf den Boden. Dabei entdeckte sie, dass seine schönen Flanellhosen an den Knien vom Herumrutschen ganz dreckig geworden waren. "Der schöne Anzug. So können Sie aber nicht zurück ins Büro gehen", machte sie Laurenz Liebermann auf die Schmutzbeulen aufmerksam. "Zuhause habe ich Fleckenwasser. Kommen Sie doch einfach mit und ich mache Ihnen die Hose sauber."

"Das würden Sie wirklich für mich tun? Ist ja entzückend. Ich nehme Ihr Angebot nur allzu gerne an", meinte Laurenz Liebermann freudig erregt und küsste Christine gleich noch einmal tiefnasig die Hand, um einen noch besseren Einblick zu erhaschen.

Zusammen schlenderten die beiden keksknuspernd zum Parkplatz und stiegen in den dicken Porsche ein. Christine freute sich riesig, den attraktiven Manager mit den guten Manieren wiedergetroffen zu haben und legte dieses unverhoffte Wiedersehen gleich als überaus positiven Wink des Schicksals aus. In ihrer Wohnung angekommen, wollte der distinguierte Keks-Spezialist mit den manikürten Händen seine Hosen zuerst gar nicht runterlassen. "Nur nicht so schüchtern, ich gucke Ihnen schon nichts ab. Außerdem kriege ich sonst den Schmutz nicht raus", ermutigte sie ihren Gast zum Hosen-Strip. Diese harmlos gemeinte Aufforderung nahm Laurenz Liebermann mehr als wörtlich und wenn Christine nicht so mit den Flecken beschäftigt gewesen wäre, hätte sie gesehen, dass der feine Herr langsam zum Sex-Monster mutierte, während er die sexy Blondine beobachtete: Schwer atmend und mit offenem Mund hockte er, zum Sprung bereit, auf der Stuhlkante. Der sonst so intelligente Blick wich einem dummgeilen Stieren, die sanften Gesichtszüge entgleisten.

"So, alles wieder sauber", kam Christine schließlich mit der gereinigten Hose an und ließ sie entsetzt gleich wieder fallen. Mitten ins Hundekörbchen, direkt auf Crissys Kopf. Denn vor ihr stand der total verwandelte Laurenz Liebermann ohne Unterhose!

"Was ist denn in Sie gefahren, Herr Liebermann? Das ist aber nicht gerade die feine Art."

"Ach, komm', darauf wartest du doch schon die ganze Zeit, du kleine Schlampe. Oder warum hast du sonst so aufreizend die Kiste geschwenkt?", sabberte er und versuchte, Christine an sich zu reißen.

"Griffel weg. Und ziehen Sie sich gefälligst sofort wieder an. Raus hier, aber schnell", wehrte sie den Geilspecht ab, indem sie ihm einen von Crissys Kauknochen auf die Nase donnerte.

"Ah, du liebst wohl die harte Nummer! Das macht mich ja erst richtig scharf. Aber jetzt Schluss mit den Spielchen, komm' her!"

Christine dachte überhaupt nicht daran, rannte in die Küche und schnappte sich kurzentschlossen den Staubsauger. Aber Laurenz Liebermann war noch lange nicht bereit aufzugeben, riss sich die Seidenkrawatte vom Hals und nahm die Verfolgung stehenden Pürzels auf.

"Ah, in der Küche hast du dich versteckt. Warte, ich krieg' dich schon, kleine Schlampe", schlich der Sexomane auf Zehenspitzen in die Küche, um sein Objekt der Begierde einzufangen. Das lauerte bereits hinter dem Besenschrank. Als er etwa auf Christines Höhe war, drückte sie schnell den dicken roten Knopf und der Staubsauger heulte laut auf. Laurenz Liebermann auch! So extrem stark hatte er sich Christines Anziehungskraft denn doch nicht vorgestellt...

Während Christine den lüsternen Laurenz Liebermann mit der Staubsaugerdüse bis zur totalen Erschöpfung in Schach hielt, tippte Eva ahnungslos in der Redaktion ihren Artikel in den Computer. Ihr fehlte nur noch ein knackiger Titel, als es zaghaft klopfte: "Darf ich reinkommen?", fragte jemand vorsichtig.

"Ja klar!"

Die Tür ging auf und Joe stand schüchtern lächelnd vor ihr. "Hast du ein paar Minuten Zeit, Eva, oder störe ich deine Kreise?"

"Joe, was ist denn mit dir los. Hast du etwa wieder einen in der Krone?"

"Nein, im Gegenteil, ich habe meine vierzehn Tage Urlaub genutzt, um den weltlichen Dingen wie Alkohol abzuschwören. Die Selbsterfahrungsgruppe hat mir unendlich viel gebracht. Ich bin ein ganz neuer Mensch geworden. Meine Schwingungen sind auch viel positiver. Ich versuche, mein Yin und Yang in Einklang zu bringen. Alles ist im Fluss, und ich bin ein Teil des großen Stromes, der sich Leben nennt."

"Soll ich dir ein Glas Wasser holen, ist dir nicht gut, Joe?"

"Bitte sage nicht Joe zu mir. Ich heiße jetzt Giyan Gopalo, der 'Entflammte', der durch seine kosmischen Strahlen den Planeten entflammen wird."

"Du warst wohl zu lange unter der Höhensonne oder willst du mich verarschen?"

"Nein, Eva, mir ist es sehr ernst und ich fange jetzt ein vollkommen neues Leben an, immer auf der Suche nach meinem inneren Kosmos", phantasierte Joe vor sich hin und hockte sich im Schneidersitz vor Evas Schreibtisch.

"Jetzt hör' endlich auf mit dieser Esoterik-Nummer. Ich find es wirklich nicht mehr witzig, Joe. Steh lieber auf, und gehe mit mir einen trinken."

"Giyan Gopalo, bitte! Joe, dieser rüde, vom Alkohol und weltlichen Genüssen Abhängige existiert nicht mehr. Ich habe mich an der Heilquelle der Erleuchtung gelabt. Die Kraft der Spiritualität bringt meine Aura der Sonne näher und wärmt meinen Astralleib mit universeller Energie."

"Ja, ja, schon gut. Kommst du jetzt mit oder nicht? Sonst gehe ich allein in den 'Hähnchenkeller'."

"Eva, ich sehe, du bist noch nicht so weit, um das Licht in der Finsternis zu erkennen. Aber auch du sollst gerettet werden, um auf dem Planeten bestehen zu können. Lebe dich selbst in Santa Luna", predigte Joe und schwebte langsam aus der Tür.

Schon am nächsten Morgen schwebte er erneut in Evas Büro. Diesmal sah man ihm seinen Geisteszustand auch äußerlich an: Um den kahlrasierten Schädel hatte er sich ein weißes Geschirrtuch aus der Kantine geschlungen; sein abgewetztes Cordjackett hatte er mit einer Bettlaken-Toga getauscht, ins linke Ohr eine goldene Creole geclipt. Und der Clou: seine Fußnägel waren mit Henna gefärbt. Irgendwie sah er komisch aus! Und er redete auch schon wieder so wirres Zeug: "Hallo Eva, ich habe heute Nacht die Runen für dich geworfen. Die Mondstrahlen stehen ungünstig. Du musst dich in Acht nehmen vor den destruktiven Mächten des Saturn. Er steht im dritten Reihenhaus. Es ist höchste Zeit für dich zur Umkehr."

"Für dich auch, Joe. Und fang' mir jetzt nicht wieder mit Deinem Giga Guarana an. Außerdem, wenn dich der Chefredakteur so sieht, bist du die längste Zeit Polizeireporter gewesen. Am besten, du nimmst dein Chakra und schwebst wieder raus. Ich habe nämlich noch 'ne Menge zu tun", wies Eva den 'Entflammten' mit der Glühbirnen-Vision in seine Schranken.

"Ach Eva, du Unwissende, die die Musik der Sphären nicht bereit ist zu erhören. Wenn du nur einige Lichtstrahlen der ewigen Sonne des Geistes bewusster sehen könntest, dann könntest du Lebensglück zu deiner tagtäglichen Wirklichkeit machen. Denn auch du hast das Geburtsrecht, aus dem fließenden Brunnen, dem Quell der Erleuchtung zu schöpfen. Und was meine schnöde Tätigkeit in diesem Hause angeht, die war ohnehin negativ bestrahlt", sagte er voller Überzeugung und entfleuchte mit wehenden Rockschößen.

Das war das Letzte, was Eva von dem übergeschnappten Joe, oder wie auch immer, sah und hörte. Vorerst! Wenige Tage später flatterte eine Ansichtskarte mit Leuchtturm-Motiv ins Sekretariat der Redaktion:

„Ich bin auf dem richtigen Weg, um in der Stille mein Gemüt zu klären, um mich umspülen zu lassen vom Urquell des Lebens. Mein Geist trotzt der anbrandenden Macht und Urgewalt allumschäumenden Daseins. In der Hoffnung euch zu erreichen, sende ich ein Licht hinaus ins wellende Menschenmeer."

Mit positiven Grüßen Giyan Gopalo, der Entflammte!

Es vergingen noch einmal zirka drei Wochen, bis folgende Agenturmeldung die Redaktion erreichte. Und die konnte nur Joe betreffen:

„Leuchtturm ging in Flammenmeer auf. Leuchtturmwächter gerettet!"

Sollte Eva den ehemaligen Polizeireporter vielleicht doch Unrecht getan haben, indem sie die feurige Kraft des Entflammten unterschätzte?

24. Der edle Spender

Tja, so geht's: Wenn man sie haben will, kriegt man sie nicht; und wenn man sie längst abgehakt hat, stehen sie plötzlich wieder Schlange – Männer sind eben doch komische Wesen. Wenn sie sagen „Ich liebe Dich!", wollen sie einen nur auf die Matratze zerren. Wenn sie einen mögen, ergreifen sie vor Schreck die Flucht; nur wenn man sie so richtig fertig macht, sind sie plötzlich Feuer und Flamme und wollen einen vom Fleck weg heiraten. Wahrscheinlich sind Männer einfach irgendwie unterentwickelt. Zu dieser Einsicht kamen jedenfalls Eva und Christine.

„Ist dir eigentlich klar, dass in den letzten paar Wochen sämtliche Männer aus dem vergangenen Jahr plötzlich wieder auf der Matte standen? Und zwar immer genau dann, wenn man den Beziehungs-Flop mit ihnen gerade einigermaßen verdaut hat. Und dann wundern sie sich auch noch, dass man ihnen nicht sofort wieder voller Begeisterung in die Arme sinkt und dankbar ist, dass sie endlich wieder da sind. Männer, pah, die sind wirklich das Allerletzte!", schimpfte Eva.

„Vielleicht liegt es ja auch an uns, dass wir immer die falschen Typen aussuchen. Kann doch sein, oder?"

„Was dich angeht, bestimmt. Da braucht man sich ja nur diesen dummen Bodybuilder anzuschauen. Mir war gleich klar, dass der nur eine hohle, triebgesteuerte Bazille ist."

„Du musst gerade was sagen. Ich wusste auch sofort, dass Herby der totale Griff ins Klo war. Ein Mann, der kaum über den Tisch gucken kann und dazu auch noch gerne rohen Fisch isst", konterte Christine schnippisch und warf ihren Pferdeschwanz energisch zur Seite.

„So betrachtet, habe ich immer in der Scheiße gewühlt und ausnahmslos Mistböcke abgeschossen. Das Einzige, was die Kerle mir hinterlassen haben: Falten und die ersten grauen Haare. Und meine Pickel haben nach jeder Trennung wieder Hochkonjunktur. Und jünger werden wir schließlich auch nicht. Wenn das so weiter geht, habe ich größere Chancen, von einem Blitz getroffen zu werden, als noch mal unter die Fittiche zu kommen."

„Das mit dem Alter gilt für mich zum Glück ja noch nicht. Aber ich habe schon wieder mindestens vier Pfund Hüftgold zugelegt und mein Weihnachtsgeld ging schon im Sommer für Frustkäufe drauf. Alles nur wegen der blöden Typen."

„Sieh' doch mal der traurigen Wahrheit ins Gesicht: Der Lack ist ab. Machen wir uns nix vor. Aber noch schlimmer ist, dass es einfach keine guten Männer mehr gibt, die einfühlsam, charmant und intelligent sind. Das kannst du echt abhaken. Alles Mogelpackungen und Produkttenttäuschungen."

„Ich gebe die Hoffnung nicht ganz auf. Naja, ich habe auch etwas weniger Falten als du. Also finde ich schon noch einen. Und du musst auch weiter suchen und darfst die Hoffnung nicht so schnell aufgeben. Schließlich wolltest du immer Kinder haben."

„Pah, dazu brauche ich erst recht keinen Mann."

„Ach, und wie willst du kleine Emanze das anstellen? Das geht doch gar nicht."

„Oh doch, mein Herz", sagte Eva triumphierend und weihte die unwissende Christine in die tiefgekühlten Geheimnisse der Samenbank ein...

„Naja, wenn du meinst, dass das Spaß macht. Aber andererseits hat so ein Kühlschrank-Vater natürlich auch seine Vorteile. Man muss sich nie mit ihm rumärgern, er macht keinen Dreck und keine Bügelwäsche, schaltet nicht von `Shopping-Queen´ auf Bundesliga um. Und du meinst wirklich, dass man sich sogar die Haarfarbe aussuchen kann? Was ist mit Muskeln? Kann man die auch gleich mit bestellen?" Christine löcherte ihre Freundin unentwegt und stellte sich in Gedanken schon einen Traum-Spender zusammen.

Dabei vergaß sie ganz, dass es von diesem Wunder-Mann lediglich einen Fingerhut milchige Flüssigkeit ohne Rendezvous gab.

„Sag' mal, wieso weißt du eigentlich so viel über diese langweilige Fortpflanzungsmethode? Ich dachte, du gehst nur zur Blutspende. Ist ja auch egal, du musst auf jeden Fall unbedingt so einen Katalog bestellen. Nicht, dass ich mich dafür interessiere, aber man weiß ja nie. Und nimm' ruhig die Luxus-Ausgabe, falls es so was gibt. Erkundige dich auch gleich nach den Preisen und Lieferzeiten."

„Hab´ ich doch schon längst, Tini."

„Was? Und das sagst du erst jetzt! Los, zeig´ her!"

Bei Cola light und Chips schmökerten die beiden Frauen in der rosa-bleu-farbenen Broschüre vom Institut „Babyglück". Der Hochglanz-Prospekt präsentierte die zweibeinigen Zuchtbullen in blumigen Worten. Da war von „exquisit" und „exklusiv" die Rede, von „bestem genetischen Material" und „hervorragendem familiären Hintergrund". Aber Christine war noch immer nicht ganz zufrieden und meckerte enttäuscht:

„Och, da sind ja gar keine Fotos drin. So´n Mist!"

„Wie wär´s denn mit dem Vater hier auf Seite 134? Der hat `nen Intelligenzquotienten von 140 und wunderschöne blaue Augen. Wenn man den mit dem Komponisten von Seite 59 im Reagenzglas zusammen kippt, kann eigentlich nichts mehr schief gehen. Eine aufregende Mischung."

„Und die Figur? Aber warte mal, hier ist einer: `Modell 6 B, der Hüne: 1,92 Meter groß, 85 Kilo, athletischer Typ. Der ist ideal, aber nur, wenn´s ein Junge wird."

„Na gut, dann mische ich dazu aber noch das analytische Denken des Physik-Professors aus der Spalte 1 C. Nicht, dass es zum Schluss doch noch so´n Hohlkopf gibt. Davon kennen wir schließlich schon genug."

Wie in einer brodelnden Hexenküche mischten und rührten die beiden Freundinnen enthusiastisch schöne lange Beine mit intelligenten kurzen Armen, schwarze Locken mit blonden Halbglatzen, kühlen Verstand mit feurigem Temperament und französisches Savoir vivre mit skandinavischer Smörrebröd-Mentalität.

Perfekt! Dr. Frankenstein hätte die brisante Mixtur nicht besser zusammenstellen können. Heraus kam (Alp-) Traum-Modell 1 AAA:

Mit der römischen Nase von Tom, den dicken Muckis von Luggi, den strohblonden Haaren, dem Witz und den künstlerischen Fähigkeiten von Herby, dem südländischen Flair von Franco Forte, den blauen Augen und dem Feingefühl von Frederik, dem knackigen Po von fünfzig Prozent Plink, der sprühenden Phantasie von Joe...

Zum Glück war der Bestellzettel des Katalogs nicht mehr vorhanden, denn ob viele, oder nur zwei Köche sie verderben immer den Brei!

Das war am Ende des "kreativen" Abends auch Eva und Christine klar. Also wanderte der Katalog postwendend in den Müll. Und die beiden beschlossen, lieber wieder in freier Wildbahn auf die Pirsch zu gehen. Schließlich musste es doch wohl irgendwo zwei brauchbare Exemplare der Spezies Mann geben.

Einen für die Arzthelferin und einen für die Lokalredakteurin.

Toi, toi, toi!